ZZIN

디지털 노마드 창업

대학교 2학년, 월 1,000만 원 순수익을 낸 진짜 노하우

ZZIN 디지털 노마드 창업

초판 1쇄 인쇄 2021년 6월 23일
초판 1쇄 발행 2021년 7월 1일

지은이 류희은

발행인 백유미 조영석

발행처 (주)라온아시아
주소 서울특별시 서초구 효령로 34길 4, 프린스효령빌딩 5F

등록 2016년 7월 5일 제 2016-000141호
전화 070-7600-8230 **팩스** 070-4754-2473

값 14,500원
ISBN 979-11-91283-59-4 (13320)

※ 라온북은 (주)라온아시아의 퍼스널 브랜드입니다.

ZZIN

디지털 노마드 창업

대학교 2학년, 월 1,000만 원 순수익을 낸 진짜 노하우

류희은 지음

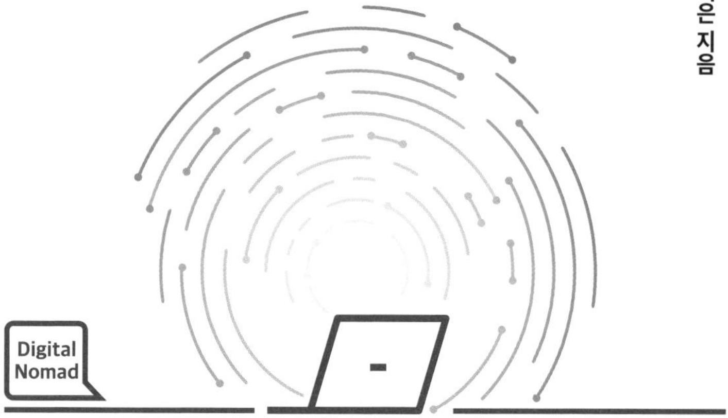

RAON
BOOK

프롤로그

스물여덟, 경제적·시간적 자유를 즐기다

스물네 살, 나는 스스로의 힘으로 월 1,000만 원을 벌었다. 내가 투자한 건 자본금 0원, 고정 비용 8만 원, 대학교 입학 선물로 받은 노트북 한 대가 전부다. 내가 천재여서 가능했던 거 아니냐고? 전혀. 나는 아직 대학을 졸업하지도, 사회경험이 충분하지도, 내놓을 만한 경력도 없다. 그렇다고 작정하고 돈을 벌려던 것도 아니었다.

나는 사람들에게 디자인을 해줬다. 정확하게 설명하자면 웹이나 앱에서 사용자 경험을 디자인하는 UX(User Experience)디자인이었다. 나는 고등학교 때까지는 성적 관리를 열심히 하는 범생이였고 미술학원이나 UX디자인학원을 다녀본 적도 없다. 대기업에서 인턴을 해보거나 유명한 대학원에서 이론을 빠삭하게 배운 것도 아니다. 내가 UX디자인을 배운 건 대학교 2~3학년까지의 과정 남짓한 정도였고, 작은 스타트업에서 앱을 만들어 본 경험이 전부다. 한마디로 엄청난 전문성을 갖고 있었던 게 아니었다.

그런데도 작업 의뢰가 끊이질 않았다. 일이 한창 많을 때는 홍보를 하지 않아도 작업해달라는 클라이언트들이 너무 많아서 예약을 따로 받을 정도였다. 그렇게 한 페이지에 10만 원 하던 일이 한 프로젝트에 100만 원, 1,000만 원 단위씩 자연스럽게 단가가 올라갔다. 점점 의뢰하는 범위도 디자인에서 서비스 기획, 퍼블리싱, 개발까지 확장되었다. 그렇게 지금은 단순 웹/앱디자인뿐만 아니라 UX디자인을 기반으로 웹/앱 서비스, 제품, 영상 등 다양한 분야에서 프로젝트를 진행하고 있다. 혼자 시작했던 일에서 직원도 생기고 개발 파트너사, 수많은 능력자 프리랜서들이 모여 여러 가지 멋진 창조물을 만들어내는 디자인 회사로 성장했다.

여기까지는 어쩌면 다른 창업 스토리와 비슷하다고 느낄지도 모르겠다. 그런데 나의 독특한 경험의 시작은 지금부터다. 사업이 점점 성장하면서도 굳이 사무실을 키울 필요가 없었다. 각자가 원하는 시간과 장소에서 원격으로 일하면 되기 때문이었다. 구한 사무실마저 주말에 에어비앤비(Airbnb)로 제공해 월세 비용도 나가지 않았다. 매일 출근 도장을 찍는 직원을 여러 명 채용해 직원 관리의 스트레스에 시달릴 필요도 없었다. 회의가 필요하면 약속한 시간에 노트북 화상회의로 만나면 그만이었다. 또 매달 무리하게 인건비가 나가지도 않기 때문에 큰 부담이 없었다.

이런 유연한 업무 방식 덕분에 클라이언트도, 또 팀원들도 정해진 한계가 없다. 때로는 저 멀리 미국에서 프로젝트에 참여하는 디자이너도 있고 유럽에서 새로운 클라이언트를 만나기도 한다. 때로 일이 힘들면 원하는 휴양지에서 여유롭게 바다를 보며 업무를 처리할 수도 있다. 매일 똑같은 인원이 정해진 종류의 프로젝트만 받으며 공장처럼 디자인을 찍어내는 게 아니라 매번 새로운 일에 도전한다. 그래서 일을 시작할 때마다 설레는 감정이 생겨난다.

주체적인 삶을 실현시키는 디지털 노마드 인생

일반적으로 '디지털 노마드'라고 하면 프리랜서를 생각하기 쉽다. 기존 회사의 시스템에서 벗어나 개인이 능력을 최대한 발휘하는 프리랜서로 살아가는 것도 물론 대단한 일이다. 그러나 혼자만 일하는 데에는 분명히 한계가 있다. 그렇다고 꼭 지원사업과 투자를 받아 창업할 수 있는 전형적인 스타트업의 방법을 따라야지만 대단한 일을 할 수 있는 것도 아니다. 우리는 발전된 디지털 문물들을 활용해 조직과 시스템은 갖추면서 충분히 자유롭고 유연하게 일을 처리할 수 있다. 예전 빌 게이츠와 스티브 잡스 시절 창고에서 창업을 시작한 '거라지(Garage, 차고) 창업'의 시대는 이제 지났다고 생각한다. 우리는 그들이 일궈 놓은 디지털 혁신으로 충분히 '럭셔리'하게 창업할 수 있다.

물론 사업을 급속하게 키우기 위해서는 거대한 자본의 투자도 필요하고, 수많은 인력이 한자리에 모여 에너지를 하나로 모아 성장에만 집중해야 하는 건 사실이다. 그러나 인생을 살면서 내 일을 조금이나마 해보고 싶고, 창업을 도전해보고 싶은 모든 사람이 꼭 모두 유니콘 기업을 만드는 방법을 따라갈 필요는 없다. 충분히 지금의 내 삶을 유지하면서 작게 시작해도 내가 원하는 일을 하며 사는 주체적인 삶을 살 수 있다.

아직도 돈을 버는 방법은 취업해서 재테크하는 방법밖에 없다고 생각하는가? 일단은 좋은 대학원, 좋은 회사에만 가면 미래가 보장된다고 믿는가? 경제적 자유는 건물주가 되는 게 답이라며 막연한 미래를 기대하고 있지는 않은가? 이러한 생각들이 바로 디지털 혁신을 읽지 못하는 '거라지'한 생각들이다. 당신이 조금만 관심을 갖고 주위를 둘러본다면 우리는 창고를 소유하지 않고도 물류 사업을 할 수 있고, 내가 필요한 각 분야의 인재를 언제 어디서든 인터넷에서 찾을 수 있으며, 해외 비서를 고용해 업무 처리를 부탁할 수도 있는 시대에 살고 있다. 당신을 설레게 하는 건 무엇인가? 그 설레는 일을 '나중'이 아니라 '지금' 바로 시작할 수 있다.

창업 놀이는 그만하고 싶어

나도 한때는 사업을 하기 위해서 각종 지원사업과 투자유치, 자본금, 사무실이 필수 조건이라고 생각했었다. 그리고 실제로 그렇게 첫 창업을 했었다. 많은 이야기는 생략하고 결론부터 말하면 결국엔 끝에 뜻이 맞지 않아 회사를 나왔다. 그리고 나오면서 같이 창업했던 그 회사를 소송했다. 죽어라 같이 일하고 그제야 투자를 받고 대단한 무언가를 시작하는 것 같았는데 쉽지 않은 결정이었다. 그런데 오히려 나오고 나니 미련이 없었다. 창업, 지원사업, 투자, IR 피칭, 사업계획서, 회사가치평가 등 대충 한번 맛보고 나니 '꼭 그런 식으로만 창업할 수 있는 건가'라는 생각이 역으로 들었다. 이렇게 사업하는 방법이 잘못됐다는 말이 아니다. 분명히 필요한 시점이 있다. 하지만 나는 뒤돌아보니 창업을 한 게 아니라 창업 놀이를 한 것 같은 답답함이 있었다.

마치 대학에 가기 위해서 내신은 몇 점, 등급은 몇 등급이어야 한다는 것처럼 창업 자체가 하나의 비즈니스 시장이 되어버린 건 아닐까 하는 생각이 스쳤다. 정부는 일자리 창출을 위해, 대기업은 사내 벤처 혁신을 위해, 그렇게 자기의 이해관계를 위해 '이렇게 창업해야 한다'라고 마치 정답을 정해 놓고 강요하고 있는 건 아닐까 생각이 들었다. '그래, 어느 정도 맞긴 한데 본질에 집중해보자. 하나씩 팔아서 그게 두 개가 되고 여러 개가 돼서 매출이 많아지면 그때 필요하면 사무실을 구하는 거지. 내가 할 만큼 버티다가 다른 사람 도움이 필요하면 그때 투자도 받고 해외 진출도 자연스럽게 할 수 있어'라고 여겨졌다.

그렇게 나는 'AI 검색엔진 비슷한 걸 만든다'라는 사람에서 '앱 디자인 한 장에 얼마에요'라고 말하는 프리랜서 디자이너로 다시 시작해 여기까지 왔다. 지금도 따로 마케팅을 하지 않지만 여전히 클라이언트의 작업 문의가 끊이지 않고, 대학생 창업 행사에 심사위원으로 참여하며 대학교와 기업에서 디자인, 창업 강의를 하기도 한다. 20대 중반, 앞으로 내가 하고 싶고, 만들어갈 이야기들에 비하면 이건 정말 시작에 불과하다. 생각지도 못한 수입이 발생하고 꿈꿨던 일들이 현실이 되는 것, 이 글을 읽는 당신의 이야기가 될 수도 있다.

류희은

차례

2장

디지털 노마드 창업을 위해 알아야 할 것

3장

20대, 디지털 노마드 사업가로 살아가다

4장

퍼펙트한 디지털 노마드 라이프를 위한 멘탈 붙잡기

1장

왜, 디지털 노마드 창업인가

새로운 직업의 정의가 필요하다

내가 만난 세 사람

예비 창업가 A씨, 29세

스타트업을 시작하고 싶은 예비창업가 A를 만난 적이 있었다. 그는 대학원을 졸업하고 관심 있는 분야가 생겨 정부지원 사업을 받으며 같이 창업할 팀을 만드는 중이었다. 처음부터 투자를 받고 싶어 하지 않는 것에 있어서 나와 생각도 일치했다. 꼭 유니콘 기업으로 키우는 것이 목표가 아니기 때문이었다.

A씨는 자기가 만들고 싶은 아이템을 만들고, 그 아이템을 함께 만들 수 있는 본인과 편한 사람들만 직원으로 구성되면 좋겠다는 생각이었다. 그리고 남는 시간엔 일이 아닌 자유로운 취미 생활도 즐기고 싶다고 했다.

의대 전공의 B씨, 31세

전문의 과정 공부를 모두 마친 이제 막 의사로서의 사회생활을 준비하는 B를 만났다. 의사가 되기 위해 엄청난 시간을 바쳐 공부했는데, 잠깐 휴학을 하면서 그는 의사가 아닌 창업을 경험해보고 싶다고 했다. 의사를 버리고 창업을 선택하겠다는 것이 아니라, 지금까지 본인은 의사가 되려는 사람들과 지내고, 그쪽 분야만 알고 지냈는데 그 사회에서 벗어나 좀 더 넓은 사회를 경험해보고 싶다는 얘기였다.

그는 한 분야의 전문가로 사는 것도 물론 너무 보람찬 일이지만, 오히려 너무 한 분야만 알기 때문에 생각의 틀이 고립되는 것 같다고도 했다. 본인이 늘 만나는 사람과 공부하는 분야를 벗어나 창업을 하면서 좀 더 다양한 세상을 경험하고 싶어 했다.

직장인 C씨, 26세

안정적으로 대학을 졸업하고 대학원 공부까지 마친 후배 C를 만났다. 이과 계열에 학점까지 좋아서 취업 연계로 졸업 후 바로 취직을 해서 안정적인 직장생활도 하고 있었다. 하지만 C는 본인의 회사가 안정적이긴 하지만, 그냥 인생이 이대로 안정적으로만 흘러가도 되는지, 무언가 공허하다고 했다. 안정적인 월급과 회사에 너무 적응돼서 그 어떤 도전 정신도 생기지 않을 것 같다고 했다. 그대로 이렇게 직장만 다니며 살아야 하는지 확신이 없다고 했다.

위 세 사람의 얘기는 우리가 흔히 직업에 대해 고민하는 큰 분류에 해당하는 경우라고 할 수 있다. 직장을 다니거나, 전문직을 갖거나, 창업을 준비하거나. 소개하지는 않았지만 한 가지 더 추가하자면 공무원도 있을 것이다. 그렇다면 공무원이라면 안전할까? 나는 그렇지 않다고 생각한다. 50대인 공무원 D씨가 있다고 해보자. 정년 퇴직을 해도 만 60세인데 아직 그 나이면 할 수 있는 것이 너무나 많다. 연금만 받는다고 해결되지 않는 여러 가지 경제적인 필요도 아직 많이 존재한다. 따라서 아무리 공무원이라고 하더라도 인생 제2막을 준비해야 한다.

시대가 달라졌다, 직업도 달라졌다

우리의 부모님 세대는 공부하는 것 자체가 특권이었던 시대에 살았을지도 모른다. 그렇기 때문에 안정적이고 전문적인 직업을 갖는 것이 이상적이었을 수 있다. 그런데 자녀 세대인 우리들은 왜 그렇게 안정적인 직장인데도 공허함을 느끼고 만족하지 못하는 걸까? 가장 큰 이유는 예전에 비해 직장 월급으로만 하지 못 하는 것이 많아졌다는 사실과 현실 세계와 디지털 세계 사이에서의 괴리감이 예전보다 훨씬 더 크게 발생하기 때문이라고 생각한다.

일반적으로 월급을 받는 직업이라 함은 다른 사람이 정해 놓은 시스템에서 맡긴 일을 잘 수행해내는 사람이라고 표현할 수 있다. 물론 그 과정에서 내 생각과 능력이 발현되기도 하지만 반대로 시스템 안에서 제한되고, 하지 못하는 것들도 굉장히 많다.

반면에 우리는 발달한 디지털 문명으로 인해 일찍부터 나를 디지털 세상에 표현하는 것이 나도 모르게 학습되어 있다. 내 생각을 트위터로 짧게 남기고, 오늘 내가 먹고 입은 것을 인스타그램에 포스팅한다. 인터넷이 되는 어느 곳이라면 우리는 늘 우리 자신을 세상에 표현하며 살고 있다.

게다가 주변 친구들이 올린 그들만의 개성 있는 포스팅과 삶, 수많은 국가의 다양한 삶을 작은 핸드폰 안에서 매일 접하게 된다. 따라서 우리 세대는 어쩌면 내가 살고 있는 나라 안에서 매일 출퇴근하는 정해진 직장이 있는 삶 그 자체로 충분한 안정감과 만족감을 느끼지 못할 수 있다. 안정적인 직장이 인생에 필요한 부분이긴 하지만 한편으로는 우리가 디지털 세계에서 보는 다양한 문화와 경험까지 누리며 다채롭게 살고 싶은 욕망도 동시에 존재하기 때문이다.

쉽게 정리하면 이렇다. 한 사람의 경제적인 능력을 볼 때는 단순히 벌어들이는 수입만을 기준으로 삼지 않는다. 그 사람이 가지고 있는 신용으로 얼마나 빌릴 수 있는지 부채까지가 한 사람의 경제적인 능력이라고 할 수 있다. 혹시 예상치 못한 일이 생길 경우에 내가 가지고 있는 수중의 돈이 부족하더라도 돈을 빌릴 능력이 있으면 위기 상황을 비교적 쉽게 넘길 수 있다.

같은 맥락에서 직업도 마찬가지라고 생각한다. 기본적인 직

직업 = 남이 맡기는 일을 하는 것 + 내가 스스로 창출하는 일을 하는 것

장의 개념과 벌어들이는 소득으로만 그 사람의 직업적인 수준이 정해지지 않는다고 본다. 시스템에 속한 직장과 더불어, 혹여나 그 시스템이 가져다주는 안정적인 소득이 사라질 경우에 다른 가치로 생활을 영위해 나갈 수 있는 역량까지 합쳐서 직업이라고 봐야 한다고 생각한다. 공식처럼 표현하면 위와 같이 정의할 수 있다.

현재 직업에서 벗어나 스스로 창출하는 일을 시작하라

내가 말하는 디지털 노마드 창업은 바로 '스스로 창출하는 일을 하는' 직업의 형태 중 하나라고도 할 수 있다. 누구나 혹시 모를 상황에 대비해 적금을 들어야 하고, 본인의 경제적 신용 관리에는 다들 예민하다. 반면 '스스로 창출하는 업'에 대해서는 꼭 대단한 사업가만 가능하다고 생각하거나, 나는 할 수 없는 일이라며 개발조차 하려고 하지 않는다.

그러고 나서는 퇴직 시기가 점점 다가오면, 일이 너무 재미가 없으면, 사업이 너무 힘들면, 그때 돼서야 고민하기 시작한다. 경제적인 신용 관리는 어려운 상황이 닥쳐서가 아니라 혹시 모를 상황을 대비해 미리미리 하는 것처럼, 현재 가지고 있는 '직업'의 형태에서 벗어날 수 있는 상황을 대비해 조금씩 미리 시작해야 한다. 갑자기 어려운 상황이 닥쳤을 때 해결하려고 하는 것보다 이런 고민을 10분씩이라도 10년 일찍 시작하는 것이 훨씬 현명하다.

대기업을 다닌다고, 전문직이라고, 공무원이라고 해서 하고 싶은 일이 '언제나 하고 싶은 일'이 아닐 수 있다. 또 언제나 안정적인 직업이 안정적이지 않을 수 있다. 사업을 하는 경우에는 오히려 더 심하다. 엄청난 업무 강도와 스트레스로 인해 꽤 많은 사업가가 '지금 내가 이렇게 계속 사업을 하는 것이 맞나?'라는 생각으로 '현타'가 올 때가 많고, 경제적으로 업 앤 다운(Up and Down)도 훨씬 굴곡이 심할 수 있기 때문이다.

'스스로 업을 창출하는 일'이 반드시 극단적인 상황에 놓인 스타트업이나 프랜차이즈 창업만 있지 않다고 얘기하고 싶다. 남에게 주는 일을 수행해내는 일에서 완전히 벗어난 것도 아니고, 그렇다고 엄청나게 사업의 규모를 키운 것도 아닌, 그 중간 과정도 충분히 직업의 영역으로서 존재한다고 얘기하고 싶다.

격동의 시대를 살아가기 위해 직업을 재디자인하자

긱이코노미, 공유경제, 인공지능 등 세상과 시대가 바뀌는 말들은 계속 등장하는 듯하다. 평생직장이 아니라 필요에 따라서 임시로 계약을 맺는 긱이코노미 경제와 물품을 소유하지 않고 공유하며 살아가는 공유경제 속에서 살아가며 그 안에서 우리는 직업에 대한 고민이 이어진다. 또한 AI와 취업을 경쟁해야 하거나 일자리가 뺏겨야 할 수도 있는 상황에 대비해 '어떻게 나의 직업을 지킬 수 있지?'라는 새로운 고민이 생길 수도 있는 상황이다.

이런 변화가 나타날 때마다 유행하는 흐름을 좇기 쉽다. 한동안은 퇴사하고 스타트업을 창업하는 게 유행이었다면, 요즘은 직장인 부업, N잡러 등이 유행하는 것처럼 말이다. 나의 경우에는 프리랜서, 1인 기업, 스타트업, 부업, N잡 등 어떤 형태를 좇아가는 방식은 근본적인 해결책이 되어준다고 생각하지 못한다. 요즘 N잡을 다들 가지고 있다고 해서 N잡러가 되어봤자 나의 코어가 흔들린다면 그 어떤 형태에서도 오래 살아남을 수 없다고 생각하기 때문이다.

여기에서 내가 말하는 코어는 대체되지 않는 나만이 가지고 있는 나만의 존재력이자 매력이다. 이 코어가 있다면 시대가 어떻게 바뀌고 세상에 어떠한 변화가 찾아와도 내 코어의 힘을 유지하며 그 시대의 맡게 변화의 형태에만 적응하면 된다. 하지만 대부분은 존재력을 갖추지 못한 상태에서 직업의 겉모습만 좇기 때문에 격동적인 변화가 찾아올 때마다 똑같은 불안함을 느낀다. 그러니 부디 시대적 변화에 흔들리거나 겁내지 말자. 세상의 변화는 어떠한 방식으로도 찾아오길 마련이다.

놀이하는 인간,
호모루덴스로 살다

너무 '열심히' 살지 마세요

유발 하라리의 《사피엔스》는 역사 속의 발전과 더불어 인류의 성장에 대해서 시사한다. 굉장히 어려운 주제임에도 우리나라에서 베스트셀러로 꽤 오랫동안 자리매김했다. 나는 이 책을 읽고 '우리나라만큼 사피엔스적인 민족이 있을까?'라는 생각을 멈출 수 없었다.

유치원 때부터 영어는 필수, 중국어까지 배우는 아이들이 수두룩하다. 대학교에 진학해서도 스펙과 각종 자격증에 목맨다. 직장에 취업한다고 해서 달라지는 것도 아니다. 비즈니스 메일을 조금 더 유창하게 쓰기 위해 업무 시간 외에 외국어 과외까지 받는다.

그런데 무언가 이상하다. 우리는 더할 나위 없이 열심히 사는

데 자꾸만 사회는 우울증, 취업난 등 마음의 골은 더 깊어진다. 유발 하라리는 인류의 발전이 사실은 보이지 않는 불행을 만들었다고 한다. 그가 인류의 역사를 통찰한 것처럼 우리도 각자의 삶을 냉정하게 평가할 줄 알아야 한다. 과연 나의 '열심'은 내 삶을 어디로 이끌고 있는지를 말이다.

대학교에 입학한 후 중고등학생들을 대상으로 과외를 한 적이 있다. 수업을 해주면서 공통적으로 아이들에게 말해준 것이 있다. 바로 '열심히' 하는 것보다 '제대로' 하는 게 중요하다는 것이다.

학생들 대부분은 오래 공부하면 성적이 오를 거라고 생각한다. 하지만 이건 착각이다. 성적이 오르기 위해선 단순히 오랫동안 공부해야 할 것이 아니라 '요령껏' 공부해야 한다. 수학 문제집 여러 권 사서 맨날 집합 단원만 풀고 끝내면 안 된다. 차라리 문제집을 한 권을 공략하고, 그중에서도 내가 취약하고 자주 틀리는 문제들을 더 많이 반복해 풀어야 한다. 하지만 많은 학생은 그런 자신의 현 상황에 대한 피드백 없이 그저 문제를 풀기만 하면 공부를 많이 한 것이라고 착각한다.

이런 모습은 성인이 된 이후에도 지속된다. 무분별한 네트워킹 모임과 스터디, 각종 사교육에 자신을 몰아넣는 청춘들은 어쩌면 과거의 잘못된 습관을 반복하고 있을지도 모른다. 사업에 있어서도 마찬가지다. '내가 광고비를 이만큼 쓰는데 왜 효과가 없는 걸까?', '이렇게 앱을 열심히 만들었는데 사용자가 늘지 않는 걸까?'라고 신세 한탄을 하기 쉽다. 그저 많은 시간을 투자하며 무언가를 더 배웠다는 위안으로 오늘도 '열심히' 살았다는 착각 속에 빠져 살 수 있는 것이다.

내 인생 목표는 '재밌게 사는 것'이다

그럼 '열심히'가 아니라 어떻게 살아야 할까? 나는 딱 다음 페이지에 있는 그림처럼만 살면 된다고 말하고 싶다. 열 살 때 즈음 미국 캘리포니아를 여행하는 중에 어떤 가게에서 우리 가족은 이 그림을 발견했다.

"희은아, 이 그림이 어떻게 그려진 줄 아니?"

"아니."

"이걸 그리는 사람이 노는 걸 너무 좋아했대. 그래서 맨날 하는 일이 노는 거였는데 친구들하고 가족들이 너는 일도 안 하고 맨날 뭐하냐고 그러니까 이 사람이 그냥 자기가 노는 걸 그려서 팔았더래. 근데 그게 대박이 난 거야."

한창 노는 나이일 그때는 잘 몰라 어디 방구석 서랍에 보관했을 수 있겠지만 나도 모르게 이 그림의 잔상이 항상 가슴 속에 남아있었던 것 같다. 그래서 항상 자연스럽게 무언가를 잘하는 사람들이 부러웠다.

나도 '열심히' 하는 건 잘했다. 남들보다 더 '노력'하는 것도 누구보다 자신 있었다. 독하게, 열심히, 꾸준히, 될 때까지 했다.

출처: Life Is Good Company

학창 시절엔 전교 1등도 해봤다. 근데 아버지는 공부만 잘하면 남 밑에서 일한다고 하셨다. 처음 전교 2등을 했을 때 가정통신문엔 이렇게 써주셨다. “희은이가 전교 2등을 해서 너무나 기쁩니다. 1등을 좇아 사는 아이가 되는 게 아니라 좋아하는 일을 하며 행복하게 사는 아이가 되었으면 좋겠습니다.”

지금의 나는 그렇게 살고 있다. 내가 좋아하는 일을 하며 자연스럽게 매일 발전하고 성장한다. 때로는 그 성장이 견디기 힘든 성장통이더라도 흔들리거나 포기하지 않는다. 그 모든 일을 껴안고 갈 수 있다. 그 이유는 근본적으로 내가 이 모든 걸 진정으로 좋아하고 사랑하기 때문이다.

이 모든 걸 요약해서 말한다면 나는 ‘놀이하는 인간’이다. 나는 ‘삶은 재미있어야 한다’는 주의여서 늘 즐거움을 찾는다. 즐겁게 산다는 건 '삶이 목적 그 자체가 되는 것'이다. 노래가 좋아서 가수가 되었고 가만히 앉아있을 수 없어서 안무가가 되었다는 사람들처럼 말이다. 이상적이어서 이루기 힘든 일이라고 대부분 생각할지도 모르겠다. 세계적으로 유명하고 돈을 많이 벌어 성공한 사람들이 꼭 이런 얘기를 많이 해서 애초에 포기해버리는지도 모르겠다.

그러나 꼭 유명해지거나 돈이 많아야 성공한 것인가? 내 삶에서 일부분이라도 이런 부분이 있다면 성공한 거다. 중요한 건 거대한 자본이 만들어 놓은 정교한 자본주의 사회의 틀 안에서 나 자신의 정체성을 잃어버리지 말고 내 가슴속에서 즐겁다고 느끼는 그 무언가를 잃지 말고 살자는 것이다.

현재 내 삶이 만족스럽나요?

즐겁게 살면 내 삶이 만족스러울까? 난 아니다. 일 년 중 만족스러웠던 날은 극히 일부다. 만족을 느끼면 오히려 불안하다. 현재 모습은 과거의 나라면 만족할 것이다. 쉽게 말해 스물네 살의 창업은 스무 살의 대학교에 입학했을 때 진로를 고민하던 과거의 내가 만족감을 느낄 만한 일이다. 과거의 바람을 지금 달성해도 나는 현재 더 큰 계획과 꿈을 꾸고 있기 때문에 지금 상황에 크게 만족감을 느끼기 쉽지 않다.

즐겁게 살면 매일 웃고 행복할까? 그것도 아니다. 신나는 일과 가슴 설레는 상황도 정말 잠깐이다. 대부분의 상황은 매일 똑같은 일을 반복하고 고민하는 지루할 만한 일들의 연속이다. 열심히 살아도, 행복함을 느껴도 하루하루가 공허할 수 있다.

왜 이렇게 힘 빠지는 얘기를 하냐고? 환상을 깨고 싶었다. 연인을 사랑한다는 것도 그 사람과의 설레는 순간이 아니라 밑바닥까지 포용하는 것이라고 한다면, 허공의 무언가를 잡는 것처럼 때로는 공허해서 만족스럽지 못하고, 힘들고 버텨야 하는 시간들이 더 많다.

그럼에도 즐겁게 살고 있다고 말할 수 있는 이유가 있다. 설령 내가 지금 망해 모든 돈을 다 잃어도, 혹은 나중에 더 큰 사업체를 운영했다가 파산해 길거리에서 호떡 장사를 해야 하는 순간이 올 수도 있다고 생각하더라도 나는 그마저도 즐겁게 다시 시작할 수 있을 것 같다. 내 안에 용기가 있기 때문이다.

일상이 환상처럼

나는 아침에 일어나 자기 점검의 시간을 갖는다. 이때 과거의 일기를 읽기도 하고, 내가 꿈꾸는 미래를 자유롭게 그려나가기도 한다. 이 과정에서 과거에 느꼈던 고민과 생각들이 현재 해결되었는지, 방향이 바뀌었다면 어떻게 바뀌었는지 끊임없이 연결시키며 피드백한다.

그 과정을 반복하다 보니 발견한 것이 있다. 불과 6개월 전에 힘들어 간절하게 바랐던 일들이 현재에는 대부분 다 이루어져 있다는 사실이었다.

예를 들어 모든 디자인을 다 혼자 했을 때에 도와줄 사람이 정말 딱 1명만 있어도 좋겠다고 생각했는데, 지금은 주변에 정말 많은 능력자들이 생겼다. 클라이언트 일 말고 강의를 할 수 있을까 막연하게 생각했었는데, 지금은 여러 곳에서 강의 요청이 들어온다.

이 모든 것이 가능한 이유는 가장 힘든 날도 꿋꿋하게 버티며 내일 다시 그 지긋지긋한 일을 반복했기 때문이라고 생각한다. 지금 내가 꿈꾸고 바라는 일들이 미래에 자연스럽게 이루어져 있을 것이라는 마법과도 같은 믿음이 원동력이 되어서 오늘의 나의 일상을 가장 환상적으로 만들어준다.

자신만의 매력으로 진정한 즐거움을 누려라

내가 거액의 투자를 받지 않았어도 지금처럼 회사를 운영하는 비결은 바로 여기에 있다. 내가 좋아하는 일, 잘할 수 있는 일이 무엇인지 치열하게 고민하고 찾으려 애썼다. 그리고 가슴 속에 무엇인가 피어남을 느꼈을 때 비록 대단하지 않더라도 작게나마 시작했다. 그리고 진심을 다해 다른 상대방에게 가치를 제공해주었을 때 그건 또 다른 에너지가 되어 나에게 돌아왔다.

나는 모든 사람이 각자의 매력과 그 사람에게만 주어진 특별한 능력들이 있다고 믿는다. 각자가 가진 매력을 스스로 발견하고, 그것을 표현하며 다른 사람에게 가치를 제공하는 것에 집중해보라. 그 즐거움을 인생에서 발견한 사람이야말로 실패마저도 껴안을 수 있는 넓은 마음으로 자기 자신을 끊임없이 성장시키며 살아갈 수 있는 럭셔리한 사람이다.

스물여덟 살,
미니 은퇴를 맞이하다

나는 스물세 살에 처음 스타트업에 도전했다. 그다음 해인 스물네 살, 창업한 회사를 나와 프리랜서를 시작해 월 1,000만 원을 벌었다. 스물다섯 살엔 혼자 하던 일을 시스템을 만들어 회사 형태를 갖추었고, 스물여섯 살엔 회사로 월 1억 원의 매출을 달성하기도 했다. 스물일곱 살엔 주 6시간 정도만 일하며 그 매출을 유지하는 자동화 시스템을 만들었다. 이 책을 쓰고 있는 시점인 스물여덟 살 현재는 필요한 만큼의 경제적, 시간적 자유를 즐기며 내 인생의 다음 방향에 대한 고민을 하고 있다.

'작게' 그리고 '가볍게' 시작해보라

디자인 회사를 운영하는 것이 원래의 창업 목표도 아니었고,

이런 방식으로 창업하는 것을 의도하거나 계획한 것도 아니었다. 첫 창업을 아쉽게 포기한 후 다시 다른 창업을 하며 내 삶을 올인 시킬 자신이 없었다. 아니 정확히 말하면 너무 지쳐있었다. 이미 한 번의 사업 경험으로 사업을 시작하고 투자를 받고, 그 사업을 키워 매각하려면 그 외에 나머지 모든 삶을 포기해야 한다는 것을 너무 잘 알았기 때문이었다. 그보다 난 그동안 미뤄왔던 학업을 마치고 싶었고 10대 때 그토록 바랐던 대학교 입학의 꿈을, 학업을 끝까지 완수해 졸업이라는 피날레를 장식하고 싶었다. 따라서 나는 특별한 비즈니스 모델을 개발하기보다 내가 할 수 있는 '디자인'이라는 작은 능력을 키워보고 싶었다. 결론적으로 학교와 일, 어느 하나를 포기하지 않고도 두 마리 토끼를 모두 잡을 수 있었다.

내가 말하는 디지털 노마드 창업의 방법은 어떠한 사업체를 키워 매각을 꿈꾸는 사람들에게는 적합하지 않을 수 있다. 단 모든 사람이 사업을 하려면 현재 모든 것을 포기하고 올인 해야 한다는 이분법적인 사고를 갖출 필요는 없다는 얘기를 하고 싶었다. 올인 해야 하는 기회가 왔을 땐 가지고 있는 것을 포기하고 뛰어들어야 하는 용기도 필요하다. 물론 '무조건'일 필요는 없다.

대부분의 경우 가지고 있는 부분을 지켜내며 이게 정말 올인 해야 할 일인지 충분히 살피는 사람들이 더 많을지도 모른다. 살피는 시간 동안 아무것도 하지 않고 무엇이 맞는 길인지 생각과 고민만 하기보다 '작게' 그리고 '가볍게' 한번 시작해보라는 것이다. 꼭 큰 포기와 엄청난 성과만이 멋지고 화려하고 럭셔리한 것은 아니다. 나의 컴포트 존(Comfort Zone)으로부터 벗어나 해보지 않은 것을 도전하는 삶의 작은 용기도 매일 반복된다면 엄청난 변화를 만드는 큰 힘이 된다.

돈도 마찬가지다. 첫 창업 때 나는 몇 년을 투자해 몇십억 원, 몇백억 원의 회사 가치를 만들어 매각하는 '한 방'을 노렸던 것 같다. 이 '한 방'도 너무 대단하고 멋진 일이지만, 나는 그보다 매일매일 내 스스로의 힘으로 1만 원이라도 벌어보고 싶었다. 그리고 그 1만 원이 커져 1,000만 원이 되고 1억 원이 되었다. 그때 깨달았던 것 같다. 한 방이 주는 큰 비정규적 수익보다 작더라도 일정하게 들어오는 돈의 힘이 훨씬 더 크다는 것을 말이다.

현재 운영하고 있는 지금의 회사가 나의 최종 목표는 아니다. 아니, 오히려 출발점에 불과하다. 아직 나는 살아온 날보다 살아갈 날이 더 많이 남은 20대밖에 되지 않았고, 지금까지 이룬 것보다 앞으로 이룰 수 있는 것들이 훨씬 더 많은 무수한 가능성이 있다고 믿는다. 나는 사업가 그리고 더 나아가 기업가로서의 큰 활약을 펼쳐보고 싶기도 하고 이후에는 투자자로 성장해보고도 싶다. 그리고 그 꿈을 부모님의 돈이나 다른 기관의 투자가 아닌 스스로 만들어 낸 시스템과 일정하게 들어오는 수익으로 나만의 안전망을 만들어 어떤 삶을 살던, 자유롭게 꿈꿀 수 있도록 지지해주는 아주 단단한 버팀목을 갖게 되었다.

시간으로부터 자유한 부자의 삶

디지털 노마드 창업으로 내가 궁극적으로 꿈꿨던 건 안정적인 경제적 버팀목도 있지만 그보다 더 중요한 건 바로 시간적 자유였다. 하나씩 내가 하던 일을 사람들에게 위임하고, 작년에 개인 비서를 구하면서 내가 하루에 업무에 투자하는 시간은 1~2시간만으로 충분했다. 시스템을 만들고 위임하며 내가 하루종일 일에 매달리지 않아도 똑같은 매출을 유지하는 자동화 시스템을 완성한 것이다.

하루에 8시간 했던 일이 4시간이 되고 2시간이 되는 건 한 달도 채 걸리지 않았다. 하루에 1~2시간만 집중적으로 업무처리를 하고 난 이후엔 온전히 내가 사용할 수 있는 시간들이 존재했다. 그때 난 내가 더할 나위 없는 부자가 되었다는 것을 느꼈다. 오늘 아침 눈 떴을 때 온전히 내가 하루의 시간을 통제할 수 있다는 사실이 나를 부자로 만들어 주는 것이다.

오늘도 다른 사람들은 출근할 수 있는 시간인 9시에 나는 테니스 레슨을 배우러 가고, 남산을 뛰고, 여유롭게 점심을 먹었다. 그다음엔 미국에 있는 친구와 화상으로 잠깐 전화를 하고 오후 2~4시까지 업무를 보았다. 내게 주어진 24시간이라는 시간을 온전히 내가 하고 싶은 것을 하며 살 수 있는 자유만큼 더 럭셔리한 하루가 없다.

통장에 얽매이지 않는 부자의 삶

20대 때 통장의 잔고는 내가 경제적 불편함이 없을 만큼이면 충분하다고 생각했다. 사업을 하다 보면 돈을 많이 벌기도 하지만 돈이 많이 나갈 때도 정말 많다. 경제적 수익의 업 앤 다운이 월급을 받는 직장인보다 훨씬 더 크게 존재할 수밖에 없다. 그래서 돈이 아무리 많아도 언제라도 이 돈이 빠져나갈 수도 있다고 생각했고, 반대로 돈이 부족하다고 느껴도 또 채워질 수 있다는 생각에 익숙해져서 언제부터인가 통장 잔고의 숫자가 나를 부자로 만들어 준다는 느낌은 받지 못했다.

사업을 처음 시작했을 때도 스스로에게 다짐한 것이 돈에 얽매이지 말자는 것이었다. 내가 20대에 1억 원을 모은다고 하더라도, 또는 그 이상을 저축해도 그것만을 목표로 돈을 벌고 싶지는 않았다. 오히려 얼마를 벌고, 또는 그걸 다 잃더라도, 통장에 단순히 찍혀 있는 숫자의 가치보다 그 경험의 가치는 훨씬 더 값질 것이라 생각했다.

20대에 통장의 숫자가 주는 지표에 나를 한정짓는 것보다 돈을 버는 방법, 돈을 모으는 방법, 돈을 쓰는 방법 그리고 스스로가 더 나은 사람이 될 수 있도록 자신에게 투자하는 방법을 배우는 것이 훨씬 더 값지다. 이러한 경험과 배움은 사라지지 않으며, 설령 내가 벌었던 돈을 다 잃더라도 언제든지 0부터 다시 시작할 수 있는 힘이 되어준다고 믿기 때문이다.

지금 나는 충분한 휴식을 누리면서 나의 미니 은퇴를 즐기며 앞으로 나의 방향성에 대해서 천천히 다시 고민 중에 있다. 지금까지의 나의 경험과 배움, 성공과 실패 그 모든 것이 좋은 재료가 되어 또 어떤 것들을 할 수 있을지 하루하루 기대 속에 살아가고 있다. 60대까지 일하며 노후생활을 하는 '한 방'에 누리는 은퇴만 꼭 존재할까? 일상 속에서 갖는 필요한 만큼의 경제적 자유와 시간적 자유는 푸른 지중해 바다 앞에서 화려한 리조트에서 만끽하는 화려한 은퇴만큼이나 달콤하다.

부자의 마인드 vs 빈자의 마인드

세상에는 두 종류의 사람이 있다. 하나는 '부자의 마인드'를 갖고 있는 사람, 다른 하나는 '빈자의 마인드'를 갖고 있는 사람이다. 돈을 대하는 태도에 있어서 이 두 부류의 차이를 명확히 알아야 한다.

'열심히 해도 안 된다'는 잘못된 틀, 빈자의 마인드

빈자의 마인드를 갖고 있는 사람들은 돈이 조금 모이려고 하면 갑자기 눈에 띈 고급 승용차를 몇 개월 할부로 사버리는 충동적인 소비를 하기도 하고, 그 돈을 갚기 위해 즐겁지 않은 업무를 억지로 참으며 힘겨운 시간들을 보낸다. 그리고 다시 그 스트레스를 보상하기 위해 더 큰 소비를 하며 악순환의 고리에 빠지게 된다.

이들은 돈이 많이 없는 사람을 말하는 것이 아니라 자산을 만들지 못하는 사람이라고 정의하는 게 더 올바르다고 할 수 있다. 시간과 돈, 비용을 투자했지만 그것이 또 다른 성공을 불러오기 전에 중도 포기해 버리는 사람들이 대표적이다. 수입을 늘리기 위한 노력은 훨씬 더 많이 하고 더 고된 노동을 하기도 하지만, 결국 자산을 쌓지 못하고 늘 여러 가지 경험만 산발적으로 하고 그만둔다. 따라서 이들은 '왜 나는 열심히 해도 안 되지?', '나는 결국 안 되는 사람인가 봐'라는 잘못된 사고의 틀에 갇히게 된다.

사업적으로도 마찬가지다. 자산이라는 시스템을 만들지 못하면 나중에는 사업을 하고 싶어서 돈을 버는 것이 아니라 직원들의 월급, 사무실 월세 등 지출을 감당하기 위해 수입에 쫓길 수밖에 없게 된다. 이들 역시 '수입-지출'이라는 구조에서 벗어나지 못한 채 더 큰 압박감에 시달리며 하루하루를 견디며 살아간다.

돈이 많으면 부자의 마인드가 생긴다?

그렇다면 부자의 마인드는 돈이 많아야지만 가질 수 있는 것일까? 나는 그렇지 않다고 생각한다. 실제로 월 1억 원이 넘는 고소득자분들을 만나보더라도 소비를 통제하지 못해 늘 모은 돈이 없다고 얘기하는 분들도 의외로 많다. 돈이 많더라도 빈자의 마인드를 갖고 있어 늘 돈에 쫓겨 사는 사람도 생각보다 많은 것이다. 수익이 많다는 것과 부자의 마인드로 돈을 잘 대한다는 것은 엄연히 다른 역량이다.

과연 창업을 대하는 태도에 있어서 부자의 마인드와 빈자의 마인드는 어떻게 적용될까? 이미 가지고 있는 돈이 많아야만 부자의 마인드로 럭셔리하게 창업을 할 수 있는 것일까? 단연컨대 '그렇지 않다'. 물려받은 재산이 많거나 돈이 많아야지만 부자의 마인드로 럭셔리 창업을 하는 건 절대 아니다.

예를 한 번 들어보자. 실제로 만난 사람 중에 집에 돈이 많아서 외부 투자 없이 자신의 자본금만으로 창업해서 회사를 운영하는 사람이 있었다. 직원 월급도 본인의 돈으로 직접 주고, 다음 달 나가는 지출이 많아 회사 통장에 돈이 하나도 없으면 바로 몇억 원을 통장으로 넣어줬다. 돈은 부족함이 없는데 과연 사업은 성공했을까? 얼마 지나지 않아 내부 직원의 횡령 및 사기로 사업체는 결국 접게 되었다. 내부 사정을 자세히 들어보니 사업을 운영하면서 쓰는 많은 지출 중에 직원에게 주는 비용은 너무 아끼려고 했고, 직원들이 보았을 때 이만큼 쓰지 않아도 되는 곳에 무리하게 돈을 쓰며 직원들이 가장 먼저 대표의 사업적인 지출 역량에 대한 신뢰를 잃어버린 듯했다. 이해를 돕기 위해 극단적인 사례를 들었지만 생각보다 사업에 있어서 이런 경우는 굉장히 많이 존재한다.

앞서 꼭 돈이 많아야 부자의 마인드를 갖고 있는 건 아니라고 했다. 사업도 마찬가지다. 사업할 돈이 충분히 많은 것과 부자의 마인드로 럭셔리하게 창업할 수 있는 건 다른 문제다. 닭이 먼저냐, 달걀이 먼저냐의 문제일 수 있지만 나는 돈이 많아서 부자의 마인드를 갖추는 것이 아니라, 부자의 마인드를 갖추게 되면 돈과 사업의 성과는 반드시 따라온다고 생각한다. 그렇다면 사업하는 데 있어서 가장 대표적인 부자의 마인드셋(Mind-Set)을 한번 살펴보자.

집으로 집 살 돈 벌기

부자 되는 첫걸음으로 '내 집 마련'은 항상 화두가 되는 듯하다. 각종 방송과 미디어, 책에서 내 집 마련을 위한 부동산 관련 비법 역시 그 인기에 맞게 끊임없이 나오는 걸 볼 수 있다. 하지만 이 중에 '집으로 집 살 돈 벌기'라는 방법은 보지 못한 것 같다. 집으로 집 살 돈 벌기란 말 그대로 집 자체로 집에서 사는 돈을 버는 방법이다. 대부분 집세를 감당하는 방법은 근로소득, 즉 월급일 것이다. 꼭 월세나 전세가 아니더라도 집을 사고 대출금을 갚기 위한 방법도 '내 월급에서 몇 퍼센트씩 저축해서 몇 년을 갚으면 이 집을 살 수 있을 거야'라는 계산이 일반적이다.

하지만 내가 소개하고자 하는 마인드셋은 이와 조금 다르다. 집 자체에 들어가는 돈은 다른 근로소득이나 외부 돈으로 충당하는 것이 아니라 바로 '집' 자체에서 창출해내는 것이다. 앞에서 언급한 에어비앤비를 운영하면서 사무실 월세를 냈던 경험이 대표적인 사례라고 할 수 있다. 나는 사무실 월세를 내기 위해 다른 근로소득이나 사업소득을 이용한 것이 아니라, 주말에 사무실을 대여해 줌으로써 한 달에 나가는 월세를 모두 벌었고 성수기 시즌에는 월세 이상의 추가 수익을 남기기도 했다.

여기서 핵심은 부동산 투자나 수익률이 아니다. 극단적인 사례로 이해를 돕기 위해 '집'이라는 키워드를 선택했지만 자신의 상황에 맞게 다양하게 적용해보는 것이 핵심이다. 예를 들어 '옷으로 옷 살 돈 벌기' 혹은 '여행으로 여행 갈 돈 벌기' 식으로 말이다. 나의 경우 옷을 새로 구입할 때 내가 번 수입에서 바로 옷을 사는 지출을 발생시키는 것이 아니라, 기존에 입지 않는 옷을 중고로 팔아 그 돈으로 다시 새 옷을 구입하기도 한다.

만약 여행을 가고 싶은 돈을 마련하고 싶다면 일시적으로 아르바이트를 해서 돈을 벌거나 직장에서 받는 월급을 저축할 것이다. 그런데 내가 다녀온 여행을 기록할 수 있는 블로그를 만들어 광고를 받거나 협찬을 받아 여행 자체로 여행을 갈 수 있는 돈을 벌 수 있다. 이러한 마인드는 내가 가지고 있는 수입에서 바로 지출을 하는 것이 아니라 중간에 자산이라는 과정을 거치는 구조라고 할 수 있다.

경험의 자산이 쌓여 부자의 마인드로

우리가 농담처럼 말하는 '통장이 텅장이 되는 것'은 수입이 늘 바로 지출로 이어지기 때문이다. 하지만 만약 중간에 자산이라는 구조를 만든다면, 내 수입은 일정하게 지키면서 자산으로 하여금 지출을 발생시킬 수 있게 되어 훨씬 더 많은 성공과 부를 축적할 수 있게 된다. 여기서 말하는 자산은 옷처럼 어떠한 물질이 될 수도 있고 여행처럼 하나의 경험, 배움도 모두 포함된다.

내가 운영하고 있는 모든 사업도 바로 이러한 마인드셋에서 출발했다. 내가 돈이 많아서 디자인 사업을 성공적으로 할 수 있었던 것이 아니라, 작게 시작했지만 경험이라는 자산을 축적해 나갔기 때문에 시간이 지날수록 자연스럽게 그 자산이 더 큰 성공을 불러일으킬 수 있게 되었다.

자본주의 사회에서
살아남는 방법

꿈만 좇던 나에게 맞는 업을 찾다

어렸을 때 꿈은 외교관이었다. 그 꿈을 위해 죽어라 공부해 대학에 진학하고, 입학한 대학에서 모의유엔동아리(Yonsei Model United Nations)에서 활동하며 뉴욕에서 열린 국제모의유엔대회(National Model United Nations)에 참여하기도 했다. 쟁쟁한 팀원들 덕분에 국제대회에서 우리 팀이 1등을 수상하는 쾌거를 거두는 멋진 경험도 했다. 그뿐만이 아니었다. 과연 이 정상의 끝은 어떤 모습일까 궁금해 대학교 3학년 때는 유엔인권정책센터(Korea Center for United Nations Human Rights Policy, KOCUN)에서 인턴을 하며 제네바에 있는 유엔본부에 다녀오기도 했다.

본부에서 2주 동안 열리는 인권이사회 회의에 참여하면서 실제로 각국의 외교관들이 일하는 모습을 생생하게 접했다. 국제

사회의 안건들에 대한 열띤 토론의 현장을 체험할 수 있었던, 말 그대로 내가 꿈꿨던 세계의 정상의 모습이었다.

사실 이곳에 간 이유는 따로 있었다. 앞으로 본격적으로 외무고시를 준비할지 말지 선택해야 하는 갈림길 앞에서 결정을 내리기 위함이었다. 같이 인턴을 했던 언니가 마음의 결정을 내렸냐고 물었다. 내 대답은 다음과 같았다.

“아니, 언니 이건 아닌 것 같아.”

아이러니하게도 가까이에서 보니 정말 아니라는 생각이 더 굳건하게 들었다. 뉴욕에서 대회를 할 때도 내가 관심이 가는 건 점심시간에 잠깐 거닐며 골목에서 봤던 카페베네였다. ‘아, 여기는 뉴욕 스타일에 맞게 인테리어를 어떻게 하고 동선을 이렇게 짜고 메뉴를 이렇게 했네. 내가 만약 뉴욕에 이런 카페를 차리게 된다면 이걸 이렇게 할 텐데’라는 생각이 가득했다. 한창 뜨거운 논제와 각국의 입장이 펼쳐지는 유엔본부 회의장에서도 마찬가지였다. ‘이런 부분이 불편하니 이런 서비스가 있으면 참 좋을 텐데. 내가 만들어볼까? 디자인은 이런 식으로 하고’ 하면서 이상한 구상들로만 머리에 가득 차 있었다.

어딜 가도 그런 식이었다. 무엇을 사용해도, 어떤 장소에 가도 내 머릿속엔 그런 생각들뿐이었다. 누군가가 어쩌다가 ‘비즈니스를 하게 되었어요?’라고 한다면 나는 ‘집에서 잘 때 빼고 그런 생각들밖에 안 해서’라고 말할 것 같다. 어차피 다른 일을 해도 집중이 안 되니까 말이다.

그래서 창업을 했다. 아니 정확히 말하면 창업이 뭔지 모르고 창업을 했다. 경영학과 학생도 아니고 집에 사업하는 사람은 아무도 없는데 비즈니스가 뭔지 알 리가 있나. 나는 그냥 이런 생각에 가득 찬 사람인데 그런 생각이 나중에 알고 보니 비즈니스 모델이고, 브랜딩이고 기업가 정신이라는 걸 하나씩 알아갔다. '대학원에 가서 조금 더 배우고, 대기업에 가서 조금 더 경험을 쌓고 난 다음 그때 내가 하고 싶은 일을 해야 하나?'라는 고민을 나 역시 수없이 했다. 그럼에도 불구하고 제네바에서 돌아오자마자 창업 전선에 뛰어들었다. 더 이상 미룰 수 없다는 생각이 너무 강해서였다. A+학점을 받고 나서, 장학생이라는 타이틀을 얻고 나서, 유명한 회사에 가고 난 다음이 아니라 지금, 바로 내가 하고 싶은 일을 하지 않으면 안될 것 같았다.

그렇게 일을 시작한 지 약 3년 차가 되어가는 지금, 여전히 내 선택에 후회하지 않는다. 오히려 시간이 지날수록 '그때 창업하길 잘 했다'라는 생각이 더 견고해진다. 왜일까? 다양한 경험과 수많은 사람의 인생을 보며 간략하게 그 이유를 정리해보았다.

왜 취업이 아니라 창업인가

대기업에 가면 대기업 일만 잘한다

대기업 나온다고 창업해서 다 성공하는 건 절대 아니다. 대기업은 시스템 안에서 일을 어떻게 하는지 배우는 곳이다. 창업은 반대로 스스로 시스템을 만드는 일을 하는 것이다. 그리고 그 일을 가장 잘하는 방법은 스스로 해보는 수밖에 없다. 기업에서 일한 경험이 도움이 될 수 있지만 창업을 위한 완벽한 대비책은 아니다. 대기업이 모든 것을 해결해주리라는 환상을 갖지 말자.

창업을 하면 취업 준비가 자연스럽게 된다

창업은 힘들고 고통스럽다. 왠지 창업을 한다고 하면 힘든 일을 너무 오래 해야 할 것만 같아서 겁먹고 포기하는 이들도 적지 않다. 하지만 창업을 시작한다고 해서 꼭 죽을 때까지 '창업만' 해야 하는 건 아니다. 창업에 성공한 후 안정적인 기업에 스카웃되는 경우도 많다. 꼭 성공하지 못하더라도 창업한 경험은 오히려 취업에 도움이 된다. 창업의 본질은 나의 가치를 스스로 만들고 이를 시장에 당당하게 선보이는 것이다. 이는 자본주의 사회에서 살아가는 사람들이라면 반드시 갖춰야 할 자질이기도 하다. 취업과 창업을 별개로 생각하지 말고 '스스로 나만의 업'을 만드는 연습을 조금씩 시작해보자.

뭘 모를 때 제일 잘할 수 있는 것이 창업이다

자소서, 인적성 검사, 면접 등 취업하기 위해서 준비해야 할 것이 정말 많다. 시스템을 만들어야 하는 창업도 힘든 건 마찬가지이지만 적어도 그 과정에서 다른 누군가가 정한 방식을 따르는 것이 아니라 내 길을 내가 온전히 만들어 나간다는 짜릿함이 있다. 내가 창업에 매력을 느낀 것도 바로 창업의 세계에는 정답이 없기 때문이다. 특정한 성적, 커트라인, 배경을 갖춰야 한다는 기준이 없다. 충분한 준비가 된 것 같지 않다고? 오히려 뭘 모를 때 겁도 없이 시작하는 게 창업의 지름길이다. 내가 만들고 싶은 꿈을 나만의 방식으로 현실화시켜보는 것은 인생의 둘도 없는 경험이다.

돈이 없어도 일을 그만두지 않아도 창업할 수 있다

창업을 하고 싶다고 해서 아무렇게나 시작하지는 말자. 똑똑하게 창업하는 건 아래 2가지 원칙을 지키는 것이다.

- 자본금 없이 시작한다.
- 다른 일을 병행하며 창업한다.

디지털 노마드 방식으로 창업하면 무리하게 대출을 받을 필요도, 멀쩡히 다니던 회사를 그만둘 필요도 없다. 평상시대로 내가 하던 일을 하면서 투자금 없이 시작할 수 있다. 잘 안되더라도 내가 잃는 것은 투자한 시간과 에너지일 뿐이다. 우리가 조금만 디지털 혁신이 만들어 놓은 럭셔리한 문명들에 관심을 갖는다면 충분히 누구나 창업할 수 있다.

거창한 사업을 일궈내는 것이 아니더라도 작게나마 당신이 창업을 시작하길 권하는 이유는 딱 한 가지다. 바로 자본주의 사회에서 살아가는 방법을 배울 수 있기 때문이다. 내가 백만장자가 아니더라도 스스로 모든 걸 책임지고 운영해보는 연습을 하는 건 자본가로서 생각하는 방법을 배울 수 있는 아주 훌륭한 지름길이다. 사회, 회사, 학교 혹은 부모님이 원하고 강요하는 것을 하는 것이 아니다. 내가 이루고 싶은 꿈을, 그리고 만들고 싶은 세상의 변화를 창조하기 위해 치열하게 나를 세상에 던져보자. 스스로의 힘으로 마케팅, 영업, 서비스 기획 등 비즈니스의 전반적인 과정에 참여해 이 세상에서 어떻게 살아남을 수 있을지 고민하는 것 자체가 너무나 값진 경험이다.

지원금이나 투자자도 없고 나를 대변해줄 수 있는 회사의 네임벨류도 없다. 그 상황에서 나 스스로 시장에 뛰어들어 살아남아야 한다면? 과연 나는 사람들에게 어떤 가치를 제공해주고 그 대가로 돈을 벌 수 있을까? 그 고민의 과정에서 온전히 스스로에게 집중하고 내가 원하는 것을 발견하고, 더 강해질지도 모른다. 내가 나의 가치를 발견하고 또 다른 사람에게 그 가치를 나눌 수 있는 사람이 되는 것. 그래서 나로 인해 세상이 조금 더 기쁘고, 행복하고, 이로워질 수 있는 것. 그게 바로 창업의 시작이다.

성공한 사람들의 방식을 따르자

만약 회사의 시스템에서 벗어나 나만의 무언가로 돈을 벌고 싶거나 좋아하는 일을 하며 돈을 벌고 싶은 희망을 품었다면, 그건 당신이 창업을 꿈꾸기 시작했다는 바람직한 징조다. 이와 더불어 시공간의 제약이 없는 자유로운 라이프스타일을 만들고 싶다면, 디지털 세상에 나만의 시스템을 어떻게 만들어야 할지 본격적으로 고민해야 하는 시기일 수 있다.

어떤 한 분야에서 빠른 성과를 내려면, 초반에는 내가 하고 싶은 방법 대신 이미 그 분야에서 성공한 사람들의 방식을 따라 해야 한다. 그래야지만 시행착오를 최소화해 똑같은 실수를 반복하지 않고, 창업의 연비를 줄일 수 있다. 다른 사람의 간접적인 경험을 통해 시행착오를 줄이는 것만으로도 훨씬 가볍고 빠르게 성장할 수 있다.

내 인생의 프리패스를 만들다

노마드 창업을 하며 세상의 공식을 발견하다

우리는 살면서 스타트업을 하는 것처럼 나 자신을 다 바쳐 무언가에 올인 하고 싶을 때도 있고, 프리랜서를 할 때처럼 개인의 전문성과 역량을 키우고 싶을 때도 있다. 그리고 마지막으로 내가 하고 싶은 일을 혼자의 힘으로만 하는 것이 아니라 작게는 1인 기업처럼 누군가의 도움이 필요해질 때도 있다.

본인 스스로의 목표가 분명하다면 이 중 한 가지를 선택해 일궈나가야겠다고 생각했을 수도 있다. 그런 경우 자신에게 가장 잘 맞는 스타일을 선택해 실행하면 된다. 본인이 선택한 것을 정답으로 만들면 되기 때문이다. 하지만 많은 경우 우리는 어떤 것을 선택해야 할지 고민하는 시간이 필요할 수 있다. 특히 나이가 어리고, 아직 인생의 방향을 결정해야 하는 시기에 있는 사람이라면 더욱더 그렇다.

20대 초중반 나 역시도 그랬다. 창업에 확신이 들어 스타트업을 해야겠다고 선택해 과감하게 실행했지만 내가 원하는 결과를 얻지 못한 후엔 어떤 것을 선택해야 할지 확신이 들지 않았다. 다시 스타트업을 하는 것도, 학업의 길로 돌아가는 것도, 그렇다고 취업을 준비하는 것도 어느 것도 답이 되어주지 못했다. 그렇다고 내가 회사를 어떻게 키워야 하는지에 대한 뚜렷한 길이 보이는 것도 아니었다.

이런 상황에서 사회는 우리에게 대부분 이렇게 말할지도 모른다. "고민하느라 시간 낭비하지 마", "일단 선택하고 뒤돌아보지 마", "어떤 길을 가도 똑같아. 어차피 남들이 많이 가는 길로 가."

이런 조언들을 들으며 우리는 여러 갈래 길 중 하나를 선택해 확신 없는 불안한 걸음걸이를 계속하고 있을지도 모른다. 하지만 나는 디지털 노마드 창업을 하며 다른 세상의 공식을 발견했다. 바로 어떤 길을 선택하더라도 성공적인 길로 방법이 있다는 사실을 말이다.

나만의 놀이기구를 타는 근사한 방식

디지털 노마드 창업은 마치 놀이공원에서 놀이기구를 타기 위해 몇 시간에 걸쳐 기다리는 와중에 프리패스로 제일 먼저 놀이기구를 탈 수 있는 것과 비슷하다. 오랜 시간 기다려야 하기 때문에 몇 가지 놀이기구를 타지 못하고 돌아가는 사람들과 달리 프리패스를 가진 사람들은 훨씬 더 많은 종류의 놀이기구를 타고, 심지어 좋아하는 놀이기구는 몇 번이고 반복해서 탈 수 있는 여유도 주어지게 된다.

20대 후반, 현재의 나는 디지털 노마드 창업으로 나만의 프리패스를 만들어 타고 싶은 놀이기구를 마음껏 탈 수 있게 되었다. 내가 좋아하는 일을 하면서 원하는 만큼의 시간적, 경제적 자유를 얻은 것과 더불어 창업의 형태나 직업의 형태 한 가지를 선택하지 않고도 그때그때 상황에 맞게 내가 원하는 일을 할 수 있게 되었기 때문이다.

현재 나는 내 사업을 자유롭게 운영하면서 그에 파생되는 여러 가지 일도 동시에 제안받고 있다. 하루에 3~4시간 정도만 원격으로 출근해 디자인 프로젝트를 리드하는 업무 진행을 부탁받기도 하고, 지금 형태의 사업을 더 확장해 스타트업 형태로 키워볼 수 있는 제안을 받기도 한다. 그뿐만 아니라 회사에서 진행하는 클라이언트 프로젝트 외에도 내가 하고 싶은 개인 UX 프로젝트를 프리랜서 형태로 진행하고도 있다. 그리고 소프트웨어 기술의 조언이 필요한 액셀러레이터나 VC와도 협업해 다양한 놀이기구를 타듯 다채로운 사업 구조를 체험하고 있다.

이처럼 나는 어떠한 일의 형태에 얽매이는 방식이 아니라, 내가 좋아하고 하고 싶은 일을 중심으로 그때그때 원할 때마다 내가 하고 싶은 일의 형태를 선택해 경험하는 삶을 살고 있다. 놀이공원이 만약 우리의 삶이라고 비유한다면, 대부분은 긴 시간의 투자와 기다림 끝에 몇 개의 놀이기구만을 타고 돌아갈지도 모른다. 마치 한평생 직장인으로서만 사는 것처럼 말이다.

직장인이 나쁘다는 말이 아니다. 하지만 굳이 직장을 10년 동안 다니고 나서, 나는 직장인이 안 맞는다고 결정하는 것보다 시간과 비용을 최소화해 여러 가지 직업 형태를 체험한 후, 그다음 본인에게 가장 잘 맞는 방법을 선택하는 방법도 있다. 프리패스로 최대한 많은 놀이기구를 타보고, 내가 제일 재밌어하는 놀이기구는 반복해서 더 많이 탈 수 있는 것처럼 말이다.

찰흙처럼 내가 원하는 대로 창업 형태를 빚는다

디지털 노마드 창업은 어느 한 형태의 구조로 고정되는 것이 아니라 원하는 상황과 그때그때의 목적에 맞게 자유롭게 변형 가능한 찰흙과도 같다. 만약 내가 찰흙으로 만들고 싶은 도자기의 모양과 형태가 분명하게 있다면 우리는 최대한 그 모양대로 찰흙을 빚은 후 불에 구워 그 형태를 유지하도록 해야 한다. 하지만 아직 내가 무엇을 만들 줄 모른 상태에서 불에 구워버리면 다시 처음의 부드러운 찰흙으로 돌아오게 만드는 것은 거의 불가능할뿐더러 너무 많은 시간과 비용이 든다.

창업도 마찬가지다. 내가 만약 어떤 사업을 하고 싶어서 시작했지만, 사업을 해보니 맞지 않아 다시 직장인으로 돌아가려고 한다면 어떨까? 아마 그때는 책임져야 하는 직원들을 위해서라도 내가 원하는 삶의 형태를 쉽게 바꾸지 못할 것이다. 실제로 내가 아는 중년 사업가도 그러했다. 지방에서 시작해 개인이 몇 명의 직원을 두고 운영하는 사업의 형태는 성공적이었고, 더 욕심이 생겨 전국적으로 프랜차이즈화하려고 했다. 하지만 뜻대로 되지 않았고 결국 다시 작은 형태의 사업체로 축소할 수밖에 없었는데, 이 모든 과정이 10년이나 걸렸다. 사업을 시작해 일정 궤도에 올려놓는 것도 물론 시간이 오래 걸리는 일이지만, 벌여놓은 일을 수습하는 것도 그에 못지않게 어마어마한 시간과 비용이 들어가기 때문이다. 직원들을 정리하고 계약했던 임대료로 정리해야 하는 등 해결해야 할 일이 산더미다.

《부자 아빠 가난한 아빠》를 쓴 로버트 기요사키는 우리 인간은 살면서 근로자, 자영업자, 사업가 그리고 투자자 총 4가지 부류 중 어느 한 가지에 속하게 된다고 했다. 근로자는 말 그대로 시스템 안에서 살아가는 사람을 뜻하고 일한 시간만큼 정해진 근로소득을 얻게 된다. 자영업자는 시스템 그 자체인 집단을 일컫는데, 근로자와 다르게 정해진 수입 없이 일한 시간 만큼 수입을 얻지만 동시에 일을 멈추면 수입도 멈추게 된다.

사업가는 시스템을 다루는 능력을 갖춘 사람을 말하며 본인이 일을 멈춰도 수입이 발생하는 구조를 만든다. 마지막으로 투자자는 시스템에 돈을 투자해 돈이 나를 위해 일하는 구조를 만들어낸다.

내가 생각하는 나

내가 생각하기에 대부분의 사람은 이렇게 근로자에서 사업가로 넘어가거나, 또는 사업가에서 다시 자영업자로 돌아가거나 하는데 너무 긴 시간과 비용을 투자한다. 물론 사람마다 살아가는 각자의 인생 속도는 모두 다르지만 너무 많은 시간을 내가 무엇을 하고 사는데 고민하고 싶지 않았다. 내가 외교관을 정말 하고 싶은 건지 고민할 때도 외무고시를 보고 외교부에서 근무를 하는 길을 선택하지 않고 짧은 기간 인턴으로서 제네바의 여러 외교관이 참여한 국제회의를 참관하기로 결정한 것도 같은 맥락이다. 바로 인생의 방향을 결정하는 데 너무 많은 시간과 에너지를 낭비하고 싶지 않았기 때문이다.

이처럼 디지털 노마드 창업은 내가 무슨 놀이기구를 좋아하는지, 내가 무엇을 빚고 싶은지 인생의 고민과 갈림길에 있는 모든 사람을 위한 것이다. 프리패스로 자유롭게 다양한 놀이기구를 타면서 시간을 낭비하지 않아도 되고, 말랑말랑한 상태의 찰흙을 유지하며 원하는 모양을 자유롭게 만들어 본 후 마지막으로 정말 빚고 싶은 작품에 내 에너지를 쏟을 수도 있다. 4가지 분류 중 모두가 사업가, 투자자가 되어야 한다는 의미도 아니다.

나는 우리 모두가 각자가 좋아하고, 주어진 능력에 맞는 일을 하며 살기를 원한다. 다만 본인이 사업가의 역량을 가지고 있어도 근로자의 세상에서만 있다면 과연 나의 능력을 발휘할 수 있을까? 한 가지 일을 미련 없이 선택해 10~20년 에너지를 투자하는 것도 엄청난 일이다. 그러나 그 전에 시간과 비용, 에너지를 절약해 나에게 맞는 것이 무엇인지 빠르게 체험한다면 앞으로의 인생의 방향성을 정하기 더 수월하지 않을까.

'나다운 인생'을 살고 싶은 당신에게

인생을 살면서 성공한다는 건 뭘까? 돈을 많이 벌고 유명해지면 성공하는 것일까? 나는 성공적인 인생은 '나답게 사는 것'이라고 생각한다. 나답게 살아간다는 건, 살아가는 이유를 내 안에서 발견하는 것이다. 내가 좋아하는 일을 열정적으로 하고, 자신을 적극적으로 바꾸고 다듬으면서 어제보다 더 나은 오늘의 내가 되어 살아가는 것이다. 우리가 살면서 공허함을 느끼는 것도 바로 이 '나다움'이 충족되지 않기 때문일 수 있다. 학창시절에는 대학에 나를 맞추고, 취업 이후에는 회사가 원하는 방향으로 살아내기 바쁘다. 그래서 어쩌면 대학을 가서도, 취업한 이후에도 우리에겐 뭔가 채워지지 않는 답답함이 있다.

'내가 대학교에 와서 뭘 배웠지?'

'10년 후에도 이 회사에서 일 하는 모습이 상상이 안 돼.'

'내 미래는 왜 이렇게 막막하고 불안할까?'

이런 생각과 의문이 반복적으로 든다면 무언가 삶의 점검이 필요한 시점일 수 있다. 입시와 취업이 필요 없다는 말이 아니다. 다만 전부일 필요도 없다. 우리는 즐겁게 살아갈 권리가 있다. 욜로(YOLO)처럼 오늘이 마지막인 것처럼 현재를 즐기는 것만 즐거움이 아니다. 내가 좋아하거나 잘하는 일을 멋지게 해내는 것. 그래서 내가 원하는 방향으로 나의 모습이 점점 바뀌는 변화를 만끽하는 것은 또 다른 레벨의 즐거움이다.

창업을 한다는 건 어쩌면 이 본질적인 즐거움을 찾기 위함일 수 있다. 물론 지속적인 수입이 발생하고 경제적인 여유가 생기기까지 한다면 더할 나위 없이 좋겠지만, 돈이 반드시 목적이 될 필요는 없다. 좋아하는 일을 하다 보면 돈은 자연스럽게 따라오기 마련이다.

시간이 지날수록 즐거운 인생을 살 수 있는 비결

세상에는 다양한 법칙들이 존재한다. 그중 내가 가장 중요하게 생각하는 법칙 중에 하나는 바로 복리의 법칙(The Law of Compound Interest)이다. 복리의 법칙은 가속도의 법칙이다. 모든 일은 처음 시작할 때 많은 에너지가 필요하다. 하지만 복리의 법칙에 따르면 더 적은 노력으로도 이익을 극대화시킬 수 있다. 사업을 하는 사람들은 이런 경험들을 주변에서 많이 보기도 한다.

만약 비즈니스를 시작하고 수십억 자산을 만들기까지 5년이 걸렸다고 하면, 그만큼의 수익을 다시 만들어내는 데는 1년이 채 걸리지 않을 수 있다. 또 그다음 수십억 원의 수익을 만드는 데는 1/3시간밖에 걸리지 않는다. 그렇다면 중요한 건, 우리 삶의 과연 어떤 부분에 집중적으로 이러한 복리의 법칙을 적용할 것인가이다. 변화를 만들어내려면 에너지를 모아 발산시켜야 한다. 그렇다면 과연 우리는 어디에 이런 에너지를 집중해야 할까? 나는 우리 자신이 즐거움을 느끼는 곳이어야 한다고 생각한다.

내가 잘하고, 즐겁고, 그래서 행복할 수 있는 씨앗에 비료를 줘야 한다. 최대의 복리 효과를 창출해내기 위해서는 참고 견뎌야 하는 부분이 많다. 시작한 일이 어느 정도 뿌리가 내리고, 싹이 트고, 나무가 자라 열매를 맺을 때까지 오랜 긴 기다림이 필요하다. 내가 애초에 좋아하고 즐거운 일을 하면 이 과정을 훨씬 더 쉽게 견뎌낼 수 있다. 성급하게 싹이 보이지 않는다고 다른 곳에 다시 땅을 파서 씨를 뿌리는 헛수고를 반복하지 말자. 당신이 즐거움을 느끼는 곳이 당신의 가장 큰 자산이 될 수 있다는 것을 명심하라.

이러한 법칙을 20대 초반에 알았던 것은 아니지만 돌이켜보면 뭔가 직감적으로 느꼈던 것 같다. 잠깐 인턴 생활을 할 때였다. 잘 알지는 못했지만 스펙이 화려했던 대표님의 얘기를 들어

본 적이 있었다. 누구나 부러워할 만한 대기업 경험과 변호사 생활, 정부기관을 거쳐 그 이후에는 기업의 공동대표까지. 아주 화려한 스펙이었다. 하지만 나는 그 얘기를 들으며 아이러니하게 '저렇게 살고 싶지 않아'라는 생각이 들었다. 직업이 바뀌어서가 아니라 인생의 목표가 계속 바뀌는 '왔다 갔다' 하는 삶을 살고 싶지 않았다.

'나는 누구인가?'라는 고민은 삶이 멈출 때까지 하게 된다. 그러나 질문만 하며 답 없이 끝나는 인생을 살고 싶지 않았다. 그때부터였던 것 같다. 내가 이루고 싶은 인생의 한 가지 목표를 반드시 이루고 싶다고 결심한 것이. 모든 걸 이루고 싶지 않았다. 딱 한 가지를 확실하게 이뤄내고 싶었다.

아직 나도 그 목표를 향한 긴 여정 중에 있다. 가야 할 길이 더 많긴 하지만 그래도 짧은 지난날들을 되돌아보면 그 한 가지 목표로 내가 가장 좋아하는 것을 선택했다는 것에 후회는 없다. 하루하루를 흘려보내는 것이 아니라 내가 생각하는 목표지점을 향해 차곡차곡 에너지가 쌓이는 것을 매일 실감하기 때문이다.

성공의 추월차선에 올라타는 법

가장 빨리 부자가 되는 방법에 대해서 다루고 있는 엠제이 드마코의 《부의 추월차선》에서는 부의 방정식이 존재한다고 말하고 있다. 그 방정식에는 각각 가난의 길을 가는 인도, 평범한 삶을 사는 서행차선, 그리고 돈을 기하급수적으로 버는 부의 추월차선이 있다. 그렇다면 성공에도 추월차선이 있을까? 앞서 성공이란 내가 원하는 삶을 사는 것이라고 했다. 성공 추월차선에서의 인도행은 남의 자아실현을 위해 살아가는 사람들이다. 서행차선을 달리고 있는 사람들은 남을 위해 일하기도 하지만 취미로 조금씩은 자신이 좋아하는 것을 하며 사는 사람들일 수 있다.

그렇다면 성공의 추월차선을 달리는 사람들은 어떤 모습일까? 돈을 기하급수적으로 버는 백만장자들처럼 이들은 폭발적으로 성공한다. 내가 좋아하는 그 일이 또 다른 일을 연쇄적으로 불러오는 것이다. 일뿐만이 아니다. 그로 인해 자연스럽게 생기는 명성과 부도 얻을 수 있다. 자아실현을 할 수 있을 뿐만 아니라 경제적 자유도 함께 얻게 되는 것이다. 머나먼 60대의 이야기 같은가? 은퇴 계획을 말하는 것이 아니다. 엠제이 드마코가 33세에 백만장자가 된 것처럼, 당신도 당신의 가장 젊은 날에 이 모든 걸 가질 수 있다.

눈치를 챘을 수도 있겠지만 성공의 추월차선으로 가는 첫 번째 열쇠는 내가 좋아하는 것이 무엇인지 똑바로 아는 것이다. 인생에 딱 한 가지만 하며 살 수 있다면 무엇을 하고 싶은지 고민해 본 적이 있는가? 내가 즐겁다고 느끼는 것은 무엇인지, 잘하는 것은 무엇인지, 그래서 결론적으로 행복하다고 느끼는 것이 무엇인지 우리는 치열하게 고민해야 한다. 부모님이 하라고 해서, 대학교만 가면, 원하는 직장만 얻으면 자연스럽게 찾아지는 것이 아니다. 왜 교수님의 마음, 상사의 눈치, 부모님의 기대는 어떻게든 파악하려고 하면서 정작 내 자신의 즐거움과 행복은 항상 뒷전인가? 세상이 만들어 놓은 기준과 목소리는 잠깐 접어 두자. 성공은 당신에게 있다.

당신에게 디지털 노마드 창업을 권하는 이유

내가 좋아하는 일을 10년 후가 아니라 바로 '지금' 시작할 수 있다. 거창하게 시작할 필요가 없다. 완벽하게 준비되어 있지 않아도 된다. 중요한 건 '일단 시작하는 것'이다.

회사 이름을 지을 때 영감을 줬던 한 영화가 있다. 바로 〈독수리 에디(Eddie the Eagle)〉이다. 실화를 바탕으로 한 이 영화의 주인공 에디는 어렸을 때부터 올림픽에 나가는 것이 꿈이었다. 한쪽 다리도 불편했고 국가의 지원도 없어져 그에게는 못 이룰 것만 같았던 올림픽 출전에 우여곡절 끝에 드디어 나가게 된 장면이다. 스키점프 출발지로 향하는 엘리베이터에서 1등을 놓친 적 없는 스키점프의 강자 매티를 만났다. 아래 대사는 매티가 에디에게 하는 대사다.

> 내가 잘난 척하는 줄 알아? 우린 마치 시계 12시를 사이에 두고 있는 1시, 11시와 같아. 다른 사람들보다 훨씬 더 가깝지. 이기고 지는 것이 우리와는 상관이 없어. 우리는 우리의 영혼을 자유롭게 하기 위

해 뛰기 때문이지. 우리만이 역사를 만들 수 있는 기회를 가지고 있어. 전 세계가 지켜보는 가운데 만약 우리가 최선을 다하지 않는다면, 그것은 우리 스스로를 죽이는 일이야.

매티는 트레이닝도 제대로 받지 못하고, 나가면 반드시 꼴지를 할거라며 놀림받았던 에디에게 진정한 올림픽의 위너는 그들이라고 한다. 이기고 지는 것에 관계 없이 영혼의 자유를 위해 뛸 수 있기 때문이다. 나가면 어차피 질 건데 뭐하러 이번에 올림픽을 나가냐며 만류한 코치를 뿌리치고, 그게 무슨 상관이냐며 에디는 당당히 올림픽에 나간다. 그리고 나는 그의 그런 배짱이 1등인 매티보다 더 어렵고 용감한 결정이었다고 생각한다.

디지털 노마드 창업은 당신의 도약을 향한 첫 단추다. 꼭 완벽하게 준비되어 있어야지만 내 꿈을 향해 뛰어볼 수 있는 건 아니다. 당신이 현재 있는 위치에서 일단 작게 시작하는 게 훨씬 더 중요하다. 작게 시작하면서 복리의 법칙이 가장 잘 적용되는 나의 한 분야를 찾고, 최대의 효과를 만들어내야 한다.

또한 디지털 노마드 창업은 창업에 있어서 선행 학습과도 같다. 비용과 리스크 없이 작게 시작하면서 작은 성공을 끊임없이 만들어내는 과정의 연속이다. 대부분의 사람들이 창업을 시작하기도 전에 포기하는 것도 그 세계가 너무 크고 두렵기 때문이다. 지금의 나와는 너무나 다른 세계라고 느껴져 시작하기도 전에 선을 그어버리고 만다. 비용과 리스크 없이, 그리고 시간과 공간의 제약 없이 내 열정과 즐거움을 디지털 세계에 마음껏 발산해 보자. 거창한 시작은 아무 의미 없다. 작은 성공이 누적되다 보면 어느새 세상을 향해 멋지게 뛰고 있는 나의 모습을 발견할 것이다.

2장

디지털 노마드 창업을 위해 알아야 할 것

프리랜서 vs 1인 기업 vs 스타트업

'워라하(Work And Life Harmony)'라는 말을 들어본 적이 있는가? 2020년 트렌드 사전에도 오른 '워라하'는 제프 베이조스가 한 인터뷰에서 "나는 워라밸(Work And Life Balance)을 좋아하지 않는다. 대신 워라하, 일과 삶이 조화를 이루는 삶을 추구한다. 일과 일 외의 사생활은 보다 포괄적이고 거시적인 관계여야 한다"라고 했던 말로도 유명하다.

나 또한 현재 워라밸을 넘어 워라하를 만들었다. 시간이 지날수록 회사도 성장하지만 나의 라이프스타일도 오히려 더 풍부해졌다. 이에 관한 디테일한 노하우들을 말하기 전에 더 확실한 이해를 돕기 위해 사업 시스템 구조에 대해서 한 번 짚고 넘어가려고 한다. 여기서 다룰 사업 시스템은 프리랜서, 1인 기업, 스타트업 3가지이고, 각각 어떤 특징과 차이점이 있는지 살펴보도록 하자. 그리고 이어서 이 3가지 구조와 내가 말하는 디지털 노마드 창업이 어떤 차이점이 있는지 알면 보다 더 자세하게 이후의 노하우들을 흡수할 수 있을 것이다.

프리랜서, 1인 기업, 스타트업, 무엇이 다를까

요즘 시중에 프리랜서, 1인 기업, 스타트업에 대한 책은 무수히 많이 찾아볼 수 있다. 일부 책이나 인터넷에서는 아래와 같은 비슷한 맥락에서 각 용어를 정의한다.

- 프리랜서: 구속 받지 않고 자유롭게 일하는 사람
- 1인 기업: 혼자서도 운영이 가능한 저비용 고효율 사업
- 스타트업: 혁신적인 아이디어를 보유한 신생 벤처기업

이러한 전형적인 개념은 한 번에 쉽게 와 닿지는 않을 것이다. 따라서 이론적인 개념보다는 내가 직접 사업하면서 느낀 나만의 경험들을 위주로 위 개념들에 대해서 새롭게 정리해보려고 한다. 나의 경우 짧은 시간 안에 스타트업, 프리랜서, 1인 기업까지 모두 경험했다.

23세에 첫 창업은 정부지원사업과 투자를 받는 형태의 스타트업이었고, 24세엔 디자인 프리랜서로 시작해 1인 기업 형태까지 발전시켰다. 내가 직접 경험했을 때 각 형태는 대표적인 4가

지 차이점들이 있었다. 나의 경험을 빗대어 어떤 특징들이 있는지 한 번 살펴보자.

첫 번째 차이: 팀이 어떻게 구성되어 있는가

팀의 구성 부분에서 가장 차이점이 두드러지는 건 스타트업일 것이다. 프리랜서와 1인 기업은 뭔가 비슷한데, 스타트업은 확실히 다르다는 것은 어느 정도 인지하고 있을 수 있다. 프리랜서와 1인 기업은 왠지 혼자 하는 느낌인데 스타트업은 분명히 여러 구성원들이 모여 함께 하는 느낌이 바로 떠오르기 때문일지도 모른다. 반은 맞고 반은 틀리다. 프리랜서는 '개인'으로 존재하는 것이 맞지만, 1인 기업도 역시 팀으로 존재한다.

어떤 책이나 설명은 1인 기업이 혼자 모든 것을 하는 기업이라고 정의하기도 하지만, 엄밀히 말하면 1인 기업도 '기업', 즉 사업의 형태이기 때문에 '조직'의 개념이 포함된다. 그렇다면 스타트업의 팀과 1인 기업의 팀은 어떻게 다른 것일까?

우선 스타트업을 하면서 '팀이 어떻게 돼?'라고 물어본다면 회사를 구성하는 공동창업자나 직원이 몇 명인지 물어보는 의미이다. "우리는 4명으로 구성된 팀이에요", "저희는 직원이 20명이에요" 하는 것이 스타트업이 얼만큼 규모가 되는지 성장 지표를 말해주는 요소가 된다.

반면 1인 기업에 있어서 '팀이 어떻게 되요?'라고 묻는다면 공동창업자, 직원의 개념이 아니라 '나를 위해 일해주는 사람이 몇 명인가?'로 판단하는 것이 더 올바르다. 대표가 시스템 구조를 짜고 사업을 운영하지만, 꼭 공동창업자나 직업을 두는 것이 아니라 아웃소싱을 해서 팀을 고용하거나, 외부에서 관리하면서도 사업을 운영하는 구조이기 때문이다.

따라서 1인 기업도 사업자등록증에는 대표자 본인이 혼자 운영하는 것으로 나오더라도, 여러 파트너사와 업체들로 하여금 내 사업을 도와주는 구조를 만들기 때문에 똑같이 일하는 사람 20명을 둘 수 있는 것이다. 내가 직접 고용하는 직원을 팀으로 두는 것인지, 외부 업체에 아웃소싱해서 내 일의 일부를 위임하고 있는지가 가장 다른 점이다.

두 번째 차이: 목표점이 어떠한가

이 세 가지 분야의 두드러진 두 번째 특징은 바로 이 조직들이 지향하는 목표점에 있다. 우선 대표적으로 스타트업이 일반 벤처기업의 신생용어라고 이해하는 사람들도 있는데, 엄밀히 따지면 단순 벤처기업과 스타트업도 다르다고 할 수 있다. 그 이유는 신생기업을 무조건 스타트업이라고 정의하는 것이 아니라, 바로 J커브(J-curve)를 그릴 수 있느냐, 없느냐에 따라서 스타트업에 해당되는지, 아니면 일반 벤처기업인지로 구분될 수 있기 때문이다.

J커브란 제품을 만들고 출시한 이후 죽음의 계곡(Death Of

Valley)을 지나 사업이 미친듯한 속도로 성장하는 곡선을 나타내는 말로, 한마디로 정의하면 빠른 시간 안에 고성장할 수 있는 기업인지 아닌지 판단하는 것이다. 따라서 스타트업의 목표점은 '미친듯한 성장'에 있다. 성장 곡선을 크게 그려야 더 큰 투자도 받을 수 있고, 결국 목표로 하는 회사 가치평가도 더 크게 가져갈 수 있다. 이게 스타트업이 그리는 목표점이다.

반면 프리랜서는 자신의 노동력이 목표점 그 자체가 된다. 내 노동력을 얼마나 키워 계약에서 얼마나 더 높은 가격을 받을 수 있는지가 프리랜서의 목표 지향점이 되는 것이다.

마지막으로 1인 기업의 목표점은 '레버리지'를 구축할 수 있느냐 없느냐로 판단된다. 앞 장에서 얘기한 것처럼 레버리지란 나를 위해 일해주는 시스템을 말하는데, 레버리지를 견고하게 만들수록 사업은 돌아가지만 다른 사람 또는 시스템이 나를 위해 일해주기 때문에 내 개인의 시간이 확보될 수 있다. 이렇게 레버리지를 구축하는 이유도 개인의 업무 시간을 줄이는 데 있다.

정리하자면, 스타트업은 미친 듯한 성장을 만들어 최고의 기업 가치를 만들어야 하고, 프리랜서는 본인 개인의 역량을 최고치고 높여 가장 높은 가격에 자신을 셀링해야 하고, 1인 기업은 레버리지를 구축해 자유를 확보한다고 할 수 있다.

세 번째 차이: 돈은 어떻게 쓰이는가

프리랜서, 1인 기업, 스타트업은 돈에 대한 지향점도 각각 다르다. 우선 프리랜서와 1인 기업은 일반적으로 자본금이나 투자금 없이 본인의 개인 역량으로 사업을 시작하기 쉽다. 반면 스타트업은 몇 년간은 수익이 나지 않는 죽음의 계곡 구간을 거칠 수 있기 때문에 자본금이나 다른 외부 투자가 거의 필수적이다.

돈을 버는 형태도 다르다. 프리랜서는 아무래도 직장인과는 다르게 본인의 역량에 따라 계약이 있을 때도 있고 없을 수도 있기 때문에 수익이 불규칙적일 수밖에 없다. 반면 1인 기업은 프리랜서 때 느낀 불규칙적인 수입의 고충을 좀 더 규칙적으로 만드는 데 의미를 둘 수 있다. 개인의 역량과 상황에 의존하면 돈이 들어올 때도 있고, 들어오지 않을 때도 있는 랜덤한 상황을 좀 더 조직과 기업의 형태를 갖춰 일정하고 규칙적으로 들어올 수 있도록 만드는 것이다.

스타트업은 결론적으로 많은 유저 수나 큰 수익을 목표점으로 삼아야 한다. 스타트업은 결국 기업평가를 목표로 하기 때문에 얼마나 많은 사용자들이 우리 서비스를 사용하는지, 매출 구조가 얼마나 급속도로 성장할 수 있는지가 투자나 기업평가에 반영되는 큰 요소가 되기 때문이다.

네 번째 차이: 시간은 어떻게 쓰이는가

마지막으로 시간이라는 요소에 있어서는 각각 어떤 차이점들이 있는지 보자. 우선 극단적으로 스타트업을 하게 되면 여유 시간이 있을 수가 없다. 앞서 설명했듯이 스타트업이 지향하는 것은 높은 기업 가치를 만들어내는 것이기 때문에 투자가 개입되면 투자금이나 투자자의 압박도 있을 수 있으며 유저가 많이 생길수록 일은 점점 더 늘어나기 때문에 정말 일만 할 각오가 되어 있어야 살아남을 수 있기 때문이다. 한마디로 스타트업에게는 나의 개인적 시간 자유란 존재하지 않는다.

프리랜서는 어느 집단에 소속되어 통제를 받는 것이 아니기 때문에 시간적 자유도 선택할 수 있다. 내가 좀 더 여유롭게 지내고 싶으면 일을 좀 덜 받을 수 있는 형식으로 상황에 맞게 본인이 결정할 수 있기 때문이다. 반면 내가 일을 하려고 해도 일이 들어오지 않는 리스크도 존재하기 때문에 완전한 시간적 자유를 느낀다고 말하기는 어렵다. 아무리 시간이 많다고 하더라도 금전적으로 힘든 상황이라면 시간만 많을 뿐이지 온갖 스트레스와 압박은 그대로 느낄 것이기 때문이다.

1인 기업은 이 둘의 중간 지점에 있다고도 할 수 있다. 스타트업처럼 미친 듯한 성장보다는 레버리지를 구축해 나의 개인 시간을 확보할 수 있는 여유를 만들고, 프리랜서의 불안정한 수익 상황을 고정적인 수익으로 연결시켜 주어진 여유 시간을 스트레스와 압박보다 충분히 가족, 친구와 보내거나 개인적인 여가활동을 보내면서 시간적 여유를 가질 수 있기 때문이다.

나에게는 어떤 스타일이 잘 맞을까

지금까지 간략하게 프리랜서, 1인 기업, 스타트업에 대해 정리해보았다. 이렇게 정리한 이유는 창업을 고려할 때 단순히 사전적 의미만 보고 어떤 일을 할지 선택하는 것보다 실질적인 요소들로 나에게 맞는 것이 무엇인지 판단하기 바라서이다. 팀, 목표, 돈 그리고 시간 이렇게 4가지는 단순히 사업체를 분류할 때만 쓰이는 것이 아니다. 나는 혼자 일하는 것이 즐거운지, 내가 이루고 싶은 목표는 무엇인지, 내가 추구하는 돈과 시간의 가치는 무엇인지 우리는 고민해봐야 한다. 이 4가지는 우리 개인의 인생을 구성하는 가장 중요한 요소이기도 하기 때문이다.

직장에 다니기 싫은데 프리랜서가 자유로워 보여서 덜컥 선택했다가는 직장에서는 늘 일정하게 들어왔던 월급 대신 불규칙적인 경제 상황을 맞닥뜨릴 수 있다. 스타트업이 화려해 보이고 멋있어 보여서 시작하고 싶다면 그 화려함을 지켜내기 위해 그 외에 나머지는 모두 포기해야 할 수 있음을 명심하라.

창업은 돈도 많이 들고 리스크도 크다?

창업하려면 꼭 스타트업을 해야 할까? 아니다. 이 말은 창업을 하기 위해서 꼭 정부지원금이나 투자금, 혹은 대출을 반드시 받을 필요가 없다는 뜻이다. 대부분의 사람들이 창업을 어려워하는 이유는 위에 언급한 사항들이 너무 버겁기 때문인 경우가 많다. 돈뿐만이 아니다. 능력 있는 팀원은 또 어디에서 구하나. 대학교에서는 그나마 옆 친구들에게 뭔가 한 번 해보자고 설득이라도 해볼 수 있다. 그러나 직장생활하고 지켜야 할 가정이 있는 경우라면 주변에 같이 창업하자고 설득할 친구조차 찾기 어렵다. 그래서 우리는 대부분 창업에 대한 꿈만 꾸고 쉽게 포기해 버린다.

그런 방법들이 틀리다는 얘기는 아니다. 우리가 흔히 아는 에어비앤비(Airbnb)나 우버(Uber)와 같은 유니콘 기업도 창고에서 시작해 버틸 때까지 버티다가 투자금 받고 죽음의 계곡(Death Valley)를 넘어서 미친 듯한 성장곡선을 만들어냈다. 그러나 내가 말하고 싶은 건 이게 유일한 정답이 아니라는 것이다.

그럼 창업하려면 뭘 해야 하는 걸까? 일단 '시작'해야 한다. 창업가는 미친 실행력이 있어야 한다. 생각을 행동으로 바로 옮기는 게 창업가가 갖춰야 할 자질이다. 돈이 없는데 대체 어떻게 시작하냐고? 없어도 된다. 금수저 인맥도 없어도 된다. 노트북의 전원 버튼만 켜면 나를 위해 일해줄 전 세계의 인재들이 화면에 가득하다. 1원 한 푼 내지 않아도 공짜로 내 아이디어를 소개할 수 있는 플랫폼들도 넘쳐난다. 지금의 세상은 스티브 잡스가 창고에서 애플을 창업했던 1976년과는 다르다. 우리는 그들이 만들어 놓은 디지털 혁신을 충분히 누리며 창업할 수 있는 시대에 살고 있다는 걸 명심해야 한다.

창업하면 망할 것 같다고?

망할까봐 창업하기 두려운 사람들이 분명히 있을 것이다. 하지만 디지털 노마드 창업은 리스크가 없다. 창업을 하기 위해 무리하게 직장을 그만둘 필요도, 힘들게 함께 일해줄 팀원과 직원을 구하는데 시간을 쏟을 필요도, 각종 지원사업을 수소문하며 서류의 늪에 빠질 필요도, 엄청난 투자금을 구할 필요도 없다. 우리는 '작게 시작'하는 데만 집중하면 된다. 사업에 필요한 부분을 담당해 줄 수 있는 프리랜서를 찾아 그들에게 일을 분배하라. 디자인이나 개발이 필요하다면 최소한으로만 작게 프로토타입을 먼저 만들어라. 그 전에 오히려 내 사업 아이디어를 소개하고 큐레이션 할 수 있는 다양한 플랫폼을 활용해 스토리나 콘텐츠를 먼저 전달하라. 그렇게 시작한 작은 눈덩이가 어느 순간 큰 눈사람이 된다면 그때 직장을 포기하고, 투자를 받고, 직원을 구해도 늦지 않다. 그렇게 되지 않는다면? 그래도 잃을 게 없다. 실패를 교훈 삼아 다시 가볍게 시작하면 그만이다.

디지털 노마드 창업에 없는 5가지

이 모든 것을 종합하면 일반적인 창업과 비교해보았을 때 디지털 노마드 창업 방식에는 없는 것들이 있다.

자본금이 없다

디지털 노마드 창업은 이미 누구나 무료로 사용 가능한 다양한 디지털 플랫폼, 서비스들을 이용한다. 우리가 흔히 알고 있는 네이버 카페, 유튜브 등도 처음 개설하거나 계정을 만들 때 전혀 돈이 들지 않는 것을 생각하면 이해하기 쉽다. 플랫폼 외에도 회계업무, 커뮤니케이션, 고객관리, 커뮤니티 등 각종 정보를 무료로 얻어 시작할 수 있는 곳들이 많다. 그중에 유료 서비스가 있을 수 있지만 일반 상점을 얻어 보증금과 월세 비용을 충당해야 하는 것에 비하면 터무니없이 적은 비용으로 시작할 수 있다.

직원이 없다

내 사업 아이템이 아직 대박이 날지 안 날지 모르는데 완벽한 팀을 모집하는 건 너무 에너지 낭비가 크다. 차라리 그럴 바에 내 아이디어를 '작지만 빠르게 실행'해 사업성을 먼저 판단해보자.

될지도 안 될지도 모르는 사업에 직원부터 먼저 덜컥 구하지 말고 '업워크(Upwork)', '프리랜서닷컴(freelancer.com)' 등과 같은 플랫폼에서 능력 있는 전 세계 사람들에게 필요한 일을 의뢰해보라. 우리나라에도 '크몽'이나 '숨고' 등의 다양한 중개 플랫폼 서비스가 있다. 단순히 일회성 아웃소싱이라고 생각하면 착오가 크다. 달마다 월급이 나가지 않을 뿐이지 업무가 필요할 때마다 지속적으로 꾸준히 서로 협력할 수 있다.

투자자가 없다

디지털 노마드 창업의 핵심은 디지털 플랫폼, 기술, 서비스 등을 활용해 내가 할 수 있을 만큼 일단 가볍게 시작하는 것이다. 어마어마한 액수의 투자금이 사업의 성공을 꼭 보장해주는 건 아니다. 장황한 비전으로 마치 대단한 일을 이룰 수 있을 것 같은 장밋빛 사업계획서는 잠시 접어두자. '작은 성과'를 만들다 보면 투자금은 자연스럽게 따라오게 되어있다.

사무실이 없다

사업의 특성에 따라 조금 다를 수는 있지만 일반적으로 디지털 노마드 창업은 노트북 한 대로 모든 업무를 처리할 수 있다. 줌(Zoom), 스카이프(Skype) 등의 화상회의 프로그램을 사용하면 시간과 공간에 상관없이 훨씬 자유롭게 일할 수 있다. 슬랙(Slack)이나 잔디(Jandi)와 같은 국내에서 개발된 협업 툴(Tool)로 업무를 관리할 수 있다.

리스크가 없다

앞서 말했던 것처럼 디지털 노마드 창업의 가장 큰 장점은 일반적인 창업에 비해 리스크가 훨씬 적다는 것이다. 창업을 한다고 처음부터 모두가 학교와 직장, 가정을 포기하지 않아도 된다. 무리하게 자금조달에 힘을 뺄 필요도 없다. 우리 사회는 우리가 생각한 것보다 더 많이 발전하고 성장해있다. 우리가 해야 할 것은 이제 그 성장의 파도의 흐름을 읽고, 올라탈 수 있는 용기를 갖는 것이다.

중요한 건 하드웨어가 아닌 소프트웨어다

앞에서 창업을 하기 위해서 꼭 엄청난 투자금과 인맥이 필요한 건 아니라고 했다. 그렇다면 우리에게 필요한 건 무엇일까? 나는 디지털 시대의 창업가로서 3가지의 자질을 갖춰야 한다고 생각한다. 이 자질들은 어쩌면 우리가 이미 잘 알고, 또 잘 하는 것들일 수도 있다. 너무나 가까이에 있어 무심코 지나쳤을지도 몰랐던, 잠재된 당신의 디지털 노마드 창업 DNA를 이번 기회에 확실하게 발견하길 바란다.

내가 생각하는 디지털 노마드 창업에 필요한 3가지 역량은 이것이다.

- 디지털 컴포트(Digital Comfort)
- 소프트웨어 스킬(Software Skills)

• 외국어 커뮤니케이션(Foreign Language Skills)

디지털 시대의 창업가는 변화하는 디지털 흐름을 읽어낼 수 있어야 한다. 또한 그러한 변화를 통해서 우리의 삶을 한 단계 더 편안하게 발전시킬 수 있다. 디지털 변화를 두려워하는 것이 아니라, 그 변화를 적절히 활용할 수 있는 것이 바로 디지털 컴포트 역량이다. 여기에 소프트웨어 스킬이 더해지면 내가 변화를 직접 만들 수 있는 힘이 생기게 된다. 디자인이나 개발을 할 수 있다면 훨씬 그 시간을 단축시킬 수 있는 것이다. 편안하게 외국어로 커뮤니케이션을 할 수 있는 역량까지 갖춘다면 창업의 기회를 훨씬 증폭시킬 수 있다. 글로벌하게 나의 사업을 홍보하거나 더 넓은 곳에서 필요한 인재를 만날 수 있는 가능성이 매우 커지기 때문이다.

역량 1. 디지털 컴포트 – 혁신은 멀리 있지 않다

나는 한국만큼 디지털 혁신이 빨리 이뤄지는 곳이 없다고 생각한다. 끊임없는 혁신의 중심 속에 살고 있기 때문에 오히려 이러한 변화는 우리에게 너무나 자연스럽고 익숙하기만 하다. 이처럼 디지털 발달과 변화를 자연스럽게 받아들이는 태도가 바로 '디지털 컴포트 마인드'라고 할 수 있다.

우리나라만큼 이러한 마인드셋을 갖고 있는 나라는 별로 없다. 카드로 버스와 지하철 환승을 할 수 있고, 언제 어디서든 핸드폰 하나로 음식을 시켜 먹을 수 있다. 누구나 한 번쯤 인터넷 쇼핑몰을 사용해봤고, 그 어렵다던 블록체인도 온 국민의 관심을 한 번에 사로잡았다.

이 모든 것들이 너무나 자연스러운 '일상'일 수 있지만 사실 조금만 눈을 돌려도 그렇지 않다는 걸 알 수 있다. 가장 가까운 나라인 일본만 해도 버스를 탈 때 아직도 동전을 넣어야 하고, 유럽에서도 인터넷으로 쇼핑을 한다는 게 뭔지 이해를 못하는 사람들이 태반이다. 실리콘밸리의 IT 혁신을 강조하는 미국마저도 와이파이 연결이 제대로 안 되는 곳이 사실 너무 많다. 우리나라처럼 어린아이부터 어르신까지 유튜브 영상을 즐겨보고, 밤 11시에 주문해도 다음 날 아침이면 도착하는 새벽배송이 당연하고, 언제 어디에서든지 빠르게 인터넷을 접속할 수 있는 곳이 생각보다 많지 않다는 것이다.

일상 속 디지털 혁신이 우리에겐 이미 너무 익숙하기 때문에 이러한 역량을 과소평가하기 쉽다. 그러나 우리는 디지털 발달이 이렇게나 일상생활에 편안하게 자리 잡고 있다는 것이 얼마나 큰 축복인지 알아야 한다.

책을 많이 읽는 부모님 밑에서 자란 아이들은 억지로 읽으라고 강요하지 않아도 독서습관이 자연스럽게 베어 있는 경우가 많다. 옆에서 항상 부모님의 책 읽는 모습을 어깨 너머로 보고 배우며 자랐기 때문일 것이다. 우리는 하루가 다르게 시시각각 바뀌는 디지털 변화와 혁신을 늘 보고 느끼고 체험하며 살아간다. 어쩌면 변화하는 대한민국 사회 어깨너머로 디지털 혁신을 만들어내는 방법을 자연스럽게 터득하고 있을지도 모른다.

우리가 당연하게 여긴 것들이 사실 다른 곳에서는 혁신의 기회가 될 수도 있다는 것을 명심하자. 오늘부터 당연하다고 생각했던 것들에 대해서 조금 더 예리하게 관찰해보자. 어쩌면 거기에서 충분히 기회와 혁신을 만들어 낼 수 있을지도 모른다.

역량 2. 소프트웨어 스킬 – 창업에 필요한 도구는 이미 널려있다

직접 디자인이나 개발을 할 수 있는 소프트웨어 스킬이 갖춰져 있다면 디지털 노마드 창업에 가속화를 기대해볼 수 있다. 훨씬 더 빠른 속도로 창업의 결과물을 만들어낼 수 있기 때문이다. 모든 창업에 있어서 디자인과 개발이 필수적으로 필요한 건 아니다. 하지만 사업이 어느 정도 규모가 커지면 자체 웹사이트나 앱 서비스가 필요하게 될 시점은 반드시 온다. 그때 만약 내가 디자인이나 개발을 할 줄 안다면 비용을 훨씬 줄일 수 있다.

꼭 비용뿐만 아니라 온전히 내가 기획하고 생각한 대로 표현하고 만들 수 있다는 장점을 무시하지 못한다. 물론 이렇게 처음부터 끝까지 디자인과 개발을 할 수 있다면 더할 나위 없이 좋을 수 있다. 하지만 모두가 다 그럴 필요는 없다. 내가 말하고 싶은 디지털 노마드 창업에 필요한 소프트웨어 스킬이란 직접 포토샵이나 일러스트로 디자인하고 코드를 하나하나 직접 짜는 것만이 전부가 아니다. 오히려 어떤 디자인이나 웹사이트를 보고 어떤 것이 좋고 나쁜지, 나에게 더 적합한 것은 무엇인지 구별할 수 있는 '감각'에 가깝다.

요즘엔 찾아보면 클릭 몇 번으로 손쉽게 필요한 웹사이트를 만들 수 있는 윅스(wix.com)나 식스샵(sixshop.com)과 같은 서비스가 많다. 또 저렴한 비용으로 언제든지 나보다 훨씬 더 잘하는 사람에게 손쉽게 일을 맞길 수도 있다. 인스타그램의 창업자 케빈 시스트롬이 말하는 것처럼 우리에겐 필요한 건 '완벽함'이 아니라 '사고 칠 만큼의 능력'이다. 내 아이디어를 구현할 수 있을 만큼의 역량과 좋고 나쁨을 판단할 수 있는 센스가 훨씬 더 중요하다.

단순히 디자인과 개발만 소프트웨어 스킬이 한정되는 것도 아니다. 그래픽, 모션, 영상도 여기에 당연히 포함될 수 있다. 그뿐만 아니라 쇼핑몰 창업, 네이버 스마트스토어, 유튜브 등 끊임없이 생겨나는 새로운 디지털 툴(Digital Tool)들을 나의 사업을 실현시켜줄 수 있는 도구들로 만들어 낼 수 있는 역량이 우리에게 본질적으로 필요한 소프트웨어 스킬이다.

역량 3. 외국어 커뮤니케이션 – 토익시험 안 봐도 창업할 수 있다

'대한민국은 영어 공화국'이라는 말이 있을 정도로 외국어에 대한 우리나라의 열기는 항상 뜨겁다. 영어 유치원부터 시작해 대학 입시, 취업 준비, 그리고 승진까지. 우리에게는 늘 '외국어 역량'이라는 평가 기준이 따라다니지 않는 곳이 거의 없을 정도이다. 이러한 사회적 기준 때문인지, 우리는 필사적으로 외국어 공부에 열을 가한다. '3개월 집중 토플 대비반', '점수보장 오픽 클래스' 등 유명 학원 강좌를 열심히 수소문하며 조금이라도 이력서에 쓸 높은 점수를 만들어보려고 한다. 하지만 이건 어디까지나 취업의 세계에서 필요한 종이쪼가리 인증서에 불과하다.

비록 당신이 공인인증시험에서 높은 점수를 받지 않았더라도 상관없다. 외국어 친구를 사귀는 것을 좋아하고, 조금 문법이 틀리더라도 그들과 재미있게 이야기하는 데 문제가 없다면 시험 점수가 높은 사람들보다 오히려 당신의 창업 잠재력이 훨씬 더 크다고 말하고 싶다. 창업은 실전이다. 기회가 왔을 때 고득점 인증서를 보여주는 건 아무 의미 없다. 주어진 그 짧은 기회의 순간에 우리는 '마음'을 움직여야 한다. 완벽한 문법구조, 발음이 중요한 것이 아니다. 피플 스킬(People Skill), 즉 사람을 다루는 기술이 기반이 된 외국어 커뮤니케이션 스킬이 필요하다.

나 역시도 영어를 '완벽하게' 구사하지 않는다. 종종 "외국 프로젝트를 어떻게 받았나요?"라고 물어보는 분들이 계시는데 사실 별 게 없다. 내가 여행을 갔을 때 일정 중간 중간 참여했던 비즈니스 밋업(Meetup)이나 세미나에서 만난 사람들에게 내가 하는 일을 그들에게 소개하며 흥미로운 대화를 이어나간 것뿐이다.

꼭 이러한 우연한 기회를 만들기 위해서만 외국어 역량이 필요한 건 아니다. 창업을 할 때 영어나 다른 외국어를 편안하게 할 수 있다면 해당 언어로 정보 검색의 폭을 넓힐 수 있다. 나는 일에서 필요한 대부분의 검색을 모두 영어로 찾아본다. 인터넷에서 정보습득은 업무 역량에 생각보다 많은 영향을 미친다. 새로 나온 디자인 트렌드, UX 방법론, 기사 등 한글로 된 정보를 접하기보다 영어로 찾아보면 훨씬 더 빠르게 습득할 수 있다.

내가 실제로 어떠한 일을 실행하기 위해 나에게 꼭 필요한 중요한 정보들을 선별하는 것이 아주 중요하다. 그리고 더 많은 양질의 정보를 접하게 되면 그만큼 기회도 더 넓어진다. 이렇게 한 발 앞서 나가는 것은 결국 크게 봤을 때 나중에는 아주 큰 차이를 만들어내기도 한다. 작은 정보 하나가 작업 시간을 많이 줄여주기도 하고, 해결하지 못했던 부분을 아주 간단하게 해결해주기도 하기 때문이다.

가장 중요한 것은 고객 중심 사고

디지털 혁신이 만들어 놓은 세상에서 중요한 건 돈(Hardware)이 아니라 스킬(Software)이다. 어쩌면 돈으로도 안 먹히는 세상이 디지털 시대일 수 있다. 사업을 시작하는 사람들 대부분이 종종 하는 실수가, 일단 서비스를 만들고 하루 몇백만 원 광고비를 무작정 쓰는 것이다. 광고 배너를 보고 사람들이 모일 것이라고 생각하는 것이다. 하지만 오히려 돈만 낭비하는 경우가 허다하다. 중요한 건 거창하게 시작하는 것보다 작은 것을 위대하게 해내는 것이다. 그렇게 하다 보면 위대한 결과는 따라오게 되어 있다. 그리고 그 결과를 만드는 데 있어서 이러한 역량들은 아주 중요한 역할을 한다.

비단 컴퓨터를 다루는 스킬만 소프트웨어 스킬이 아니다. 작은 광고 배너 안에서도 고객의 시선을 사로잡을 수 있는 기획적 사고, 고객을 설득할 수 있는 문제해결 역량이 여기에 해당한다. 서비스를 다시 찾을 만큼 고객에게 진정한 감동을 줄 수 있는 나의 생각과 태도가 더 중요한 것이다. 고객의 단단했던(Hard) 마음을 부드럽게(Soft) 만져주는 것만큼 사업의 성장에 있어서 중요한 건 없다.

디지털 노마드 창업 전
이것 먼저 준비하자

유연함을 갖춘 팀

디지털 노마드는 하나의 프로젝트를 진행할 때 '유연한 팀'이 존재한다. 말 그대로 디지털 노마드 창업엔 정해진 팀이 없다. 이 말을 달리하면 필요할 땐 팀이 생기고, 또 필요하지 않을 땐 팀이 자연스럽게 해체된다는 뜻이다. 팀이 유연하면 책임져야 할 직원의 수가 엄청 많지 않기 때문에 일이 없거나 상황이 힘들 때 무리하게 월급이 나가지도 않는다.

사업을 준비하거나 해본 사람이라면 이게 얼마나 중요한지 얘기하지 않아도 바로 와 닿을 것이다. 매달 나가야 하는 월세와 월급이 얼마나 대표자를 피 말리게 하는지 말이다. 하지만 나는 사업의 업 앤 다운과 상관없이 나가야 하는 고정된 인건비 때문에 발목 잡혀본 적이 크게 없다. 현재 나가고 있는 정규직 직원

3명의 월급도 정부에서 제공하는 청년 채용 혜택을 받아 오히려 부담이 줄었다.

고정된 팀원이 많이 없다고 해서 일을 제대로 못 하는 것도 아니다. 오히려 불필요한 회의, 설득과정, 업무문화, 회식 등이 없고 서로 정해진 일만 하기 때문에 업무 능률은 훨씬 좋다. 그뿐만 아니라 정규직 직원 모두 사무실 출근 없이 원격으로 일하며 내가 누리는 개인 생활과 일의 밸런스를 충분히 누리고 있다. 프리랜서 풀과 파트너사의 협업도 마찬가지다. 처음에는 주로 믿을 수 있는 지인 베이스로 프로젝트를 수행했다면, 이제는 자체 커뮤니티를 만들었다. 4만 명의 IT 회원이 있는 네이버 카페 '전아모 - 전국IT인들의 모임'을 통해 더 다양한 개개인의 풀을 만들 수 있었다. 다양한 인원은 결국 더 다채로운 프로젝트로 이어지며 시간이 지날수록 더 재밌고, 보람찬 프로젝트의 성과를 만든다.

그렇다. 디지털 노마드 창업의 핵심은 바로 '유연한 팀'을 만드는 것에 있다. 창업의 방향성을 정해야 하는 초기 상태일 때 무조건 나와 직원이나 동업자를 구해 '고정된 팀'을 만들어야만 성공적인 결과를 만들 수 있는 게 아니다. 적재적소의 뜻이 맞는 동업자를 찾고, 팀원을 설득시키고, 아직 매출이 없는 상태에서 월급이 다달이 나가야 한다는 건 너무나 큰 시간과 비용이 낭비될 뿐이다.

디지털 노마드 창업에서의 팀의 역할은 '크키(Scale)'가 아니라

'속도(Speed)'다. 얼마나 많은 팀원이 있느냐가 중요한 것이 아니라, 내가 만들고자 하는 사업의 결과물을 얼만큼 빨리 만들어 낼 수 있느냐가 핵심이다. 내가 부담해야 하는 책임과 비용, 스트레스는 최소화하면서 말이다.

이처럼 최소한의 고정 직원으로 회사의 중요한 관리는 맡기고, 실무적인 업무나 결과는 꼭 직원이 아닌 나만의 팀을 만들어 보자. 유연한 팀이 만드는 '느슨한 연대감'은 불필요한 사내의 감정소모와 업무를 줄여주며 일처리는 더 효과적이고 빠른 결과물로 이어질 수 있다.

창업의 베이스캠프

우리가 만약 등산을 간다고 생각해보자. 어떻게 정상으로 올라갈까? 아마 이미 사람들이 많이 다니면서 자연스럽게 만들어진 길과 곳곳에 표시된 화살표를 따라갈 것이다. 그런데 만약 히말라야와 같은 산의 정상을 가야 한다면? 우리가 늘 가보던 산의 정상까지 가는 것과 전 세계에서 가장 높은 산의 정상까지 올라가는 건 완전히 다른 이야기다. 하지만 창업을 시작하기로 했거나 또는 하고 있는 사람들에게는 사업이 마치 히말라야를 오르는 것처럼 내 인생에서 마주한 가장 큰 산일 수도 있다.

히말라야 등반을 결심한 사람들이 준비해야 할 것은 굉장히 많다. 하지만 그중에서 가장 중요한 걸 꼽자면 바로 정상까지 가기 전 어떤 베이스캠프를 거쳐 갈지 정하는 것이다. 한 치 앞이 보이지 않는 창업이라는 산의 정상까지 무사히 가기 위해서 나는 자신만의 베이스캠프를 만들어야 한다. 끝이 보이지 않는 정상만을 보고 무작정 달려가는 것이 아니라, 명확한 기준이 되어줄 수 있는 나만의 창업 지점을 만드는 것이다.

만약 베이스캠프가 없다면 산을 오르다가 방향을 잃거나 문제가 생겼을 때 대처하기가 난감해진다. 더 깊은 산속으로 헤매다가 완전히 길을 잃어버릴 수도 있기 때문이다. 이처럼 등산을 할 때 베이스캠프는 식량을 보관하고, 쉬어가며 체력을 비축하기도 하고 또 다음 여정을 계획하는 아주 중요한 지점이다.

창업도 마찬가지다. 디지털 노마드 창업의 목표는 스타트업처럼 J커브를 그리며 얼마나 빨리 목표 지점에 도달하느냐가 아니다. 내가 나아가고자 하는 창업의 목표점이 잘 보이지 않을 때 체력과 에너지 낭비를 최소화하고 재정비하여 다시금 방향을 찾아 나아가기 위함이다.

나는 우리 각자가 좋아하는 일을 찾아 그 일을 스스로 작게라도 본인이 주체적으로 할 수 있는 창업이 존재한다고 말하고 싶다. 내가 생각했던 길로 막상 갔는데 그 길이 아닐 수 있는 일은 누구나 겪을 수 있다. 우리는 충분히 시행착오를 겪을 수 있으며, 그런 경험이 축적되면서 자연스럽게 나에게 맞는 창업 스타일을 찾을 수 있게 될 것이다.

하지만 그렇다고 시행착오를 겪느라 에너지를 모두 낭비해 중요한 순간에 정상에 오르지 못할 일은 만들지 않아야 한다. 디지털 노마드 창업은 큰 시간과 비용을 낭비하지 않고 충분히 고민할 수 있는 당신만의 안전한 베이스캠프가 되어 줄 것이다.

셀프 투자금

앞에서 프리랜서, 1인 기업, 스타트업은 각각 돈에 대해 지향하는 포인트가 다르다고 얘기했다. 그렇다면 디지털 노마드 창업은 어떨까?

내가 생각했을 때 디지털 노마드 창업은 스타트업처럼 한 번에 엄청나게 많은 돈을 벌기 위함도 아니고, 프리랜서나 1인 기업처럼 단순히 개인이 벌어들이는 소득을 늘리기 위함도 아니다. 디지털 노마드 창업에서 돈은 내가 하고 싶은 사업을 안정적으로 해주는 최소한의 안전망을 만드는 데 있다. 그리고 그것을 가족이나, 지인, 또는 외부 투자로 만드는 것이 아니라 온전히 나의 역량으로 갖추는 것이다. 즉 디지털 노마드 창업을 하면서 나는 내 사업에 직접 투자하는 셀프 투자금을 만들 수 있게 된다.

우리는 좋아하는 일을 찾았다고 하더라도 그것을 실행할 수 있는 경제적 뒷받침이 되어있지 않으면 행동하기 어렵다. 이때 대부분은 돈을 마련하기 위해 하기 싫은 일을 억지로 하고 버텨내는 방법을 선택한다. 물론 당장의 돈은 마련할 수 있겠지만 정신적인 스트레스와 에너지 소모는 어마어마할 것이다. 어쩌면 하기 싫은 일을 꾸역꾸역 버티면서 하다가 정작 좋아하는 일을 할 에너지조차 없을지도 모른다.

디지털 노마드 창업은 내가 좋아하는 일 자체로 돈을 벌며 나만의 투자금을 만들 수 있다는 데 의의를 둔다. 나의 셀프 투자금은 내가 할 수 있는 일을 더 마음껏 할 수 있도록 뒷받침이 되어준다. 다른 일을 하는 데 쓰이는 시간과 에너지를 아낄 수 있기 때문에 내가 좋아하는 일을 더 잘할 수 있게 되며, 그런 선순환 과정이 반복되어 더 큰 투자금이 만들어진다.

꼭 모든 사업을 내 돈으로 직접 해야 한다는 말이 아니다. 하지만 그렇다고 꼭 외부 자금에만 의존할 필요는 없다는 얘기를 하고 싶었다. 나는 꼭 부모님의 경제적 여건이나, 외부 투자 규모만이 안전한 창업을 보장해준다고 생각하지 않는다.

이처럼 디지털 노마드 창업은 본인이 좋아하는 일을 하며 수입을 만들고, 그 수입이 또 다른 좋은 성과를 만들어 낼 수 있도록 안전망을 제공한다. 좋은 성과는 또다시 더 큰 수입으로 돌아오며 나의 창업 가능성은 훨씬 더 커질 수 있다.

10년의 시간을 단축하는 스피드

디지털 노마드 창업의 핵심은 가볍고 유연한 사업체를 만들어 빠르게 실행하고, 그 과정에서 깨닫게 된 레슨런(Lesson learned)을 적용해 사업의 목표와 방향을 큰 시간적, 에너지 낭비

없이 만들어가는 것이다. 그리고 그 조건 중 가장 중요한 건 바로 '시간 단축'이다.

일반적으로 사업체를 키우는 방식은 돈을 최대한 많이 투자하고, 시간을 최대한 많이 투자하는 것이다. 하지만 이미 규모가 큰 대기업은 너무 큰 조직 때문에 빠르고 유연한 변화에 느릴 수밖에 없는 것처럼, 사업체를 크게만 만들게 되면 내가 원하는 방향으로 바꾸는 데 그만큼의 시간과 비용이 더 걸리게 된다. 그런데 문제는 그렇게 되면 이미 너무 늦는다는 것이다.

요즘 세상은 매일매일이 변화하는 시대다. 트렌드도 변화하고, 가치관도 변화하고, 기술의 성장도 비교가 안 되게 빠르다. 이러한 세상에서는 시시각각 변화하는 세상에 유연하게 나를 맞출 줄 아는 역량이 가장 중요하다고 생각한다. 물론 돈과 시간은 최소한으로 들여서 말이다.

스타트업에서는 J커브가 존재했다면 디지털 노마드 창업엔 미친 듯한 '타임 세이브(Time Save)' 개념이 가장 핵심적이라고 할 수 있다. J커브의 핵심은 다르게 표현하면 '스케일업(Scale-Up)'이다. 즉 시장 점유율을 높이거나, 마켓 사이즈를 크게 잡아야 하는 것이다. 나는 개인적으로 불과 10년 전만 해도 스케일업 자체가 굉장히 어려웠기 때문에 스타트업이 혁신적이라고 주장할 수 있었다고 본다. 하지만 디지털 접근성과 환경이 비교가 되지 않게 달라진 요즘엔, 어쩌면 스케일업은 굉장히 쉬워졌을 수도 있다. 좋은 콘텐츠가 유튜브 영상에 올라가면 하루에 몇십 만 명이 금방 조회하는 것처럼 말이다. 오히려 그렇기 때문에 현재 우리 세대들의 고민은 스케일업을 어떻게 할지보다 어떻게 하면 사람들의 마음을 사로잡는 콘텐츠를 만들까 하는 그 목적과 방향 그 자체에 있다고 본다.

따라서 우리는 디지털 노마드 창업으로 셀프 투자금으로 상황에 맞게 출혈 없이 조직을 유연하게 변경해가며 최소한의 비용과 시간으로 우리에게 알맞은 방향성을 찾으면 된다. 그다음에 더 많은 투자와 스케일업이 진행되어도 늦지 않다. 굳이 큰 비용과 시간, 에너지를 들여가며 시행착오를 할 필요가 없는 세상에 우리는 살고 있다. 핸드폰 하나로 밤늦게 주문해도 새벽에 물건을 받을 수 있는 시대에 살고 있으면서 왜 스스로의 목표는 좀 더 빠르게 이룰 수 있다고 생각하지 않는가?

부자의 마인드로 럭셔리하게 시작하라

내 삶의 목표는 럭셔리하게 사는 것이다. 럭셔리하게 산다는 건 무엇일까? 화려한 집, 고급 세단 차, 셀 수 없이 많은 돈을 가진 삶이 럭셔리한 삶일까? 한편으론 그것도 맞다. 하지만 내가 생각하는 '럭셔리하게 사는 것'은 집, 차, 돈과 같은 물질보다 눈에 보이지 않는 '라이프스타일' 그 자체를 의미한다.

내가 돈을 벌면서 가장 먼저 느꼈던 재미난 사실이 있다. 바로 세상엔 '눈에 보이는 허상'과 '눈에 보이지 않는 진짜'가 있다는 것이었다. 예를 하나 들어보자. 우리가 흔히 생각하는 부자들의 이미지는 무엇일까? 드라마에 나오는 비현실적인 가격의 옷을 입고, VIP 접대를 받으며 쇼핑하는 사람들의 모습을 아마 그릴 수 있을 것이다. 그런데 적어도 내가 본 진짜 부자들은 오히려 그런 모습과는 정반대였다. 셀 수 없이 많은 돈을 가진 엄청난 부자들임에도 때로는 우리가 무시했던 작은 차를 타고 다니며 늘어난 티셔츠와 편안한 차림의 복장이었다.

진짜 부자들은 자신이 부자인 것을 티내지 않는다. 그게 내가 배운 세상의 법칙이었다. 가진 게 없으면 부풀려야 하고, 가진 게 많으면 감춰야 한다는 것을 말이다. 부자들이 화려한 집에 살지 않거나, 고급 차를 사지 않는다는 얘기가 아니다. 중요한 건 애써 그러한 물질들을 남들에게 뽐내며 인정받으려 하지 않는다는 것이다. 이건 '돈'에만 해당하는 사실이 아니다. 앞서 말한 '삶'에 관해서도 똑같이 해당된다.

럭셔리하게 산다는 것은 나답게 사는 것이다. 내가 가진 재능과 능력, 성격 그 모든 것을 조합해 나만의 에너지를 마음껏 발산한다. 그리고 그 에너지는 주위 사람들에게, 그리고 사회에 전달되어 내가 살아가는 시대와 마음껏 호흡하며 살아갈 수 있다.

어느 것과도 바꿀 수 없는 '내가 원하는 삶'

처음 창업을 어떻게 해야 할지 고민 한 20대 초반, 주위에서는 흔히 이런 조언을 했다.

"MBA를 받으면 CEO가 될 수 있어."

"일단은 유명한 아이비리그에 진학하면 돼."

"어마어마한 컨설팅 회사를 들어가서 일을 배우는 거지."

물론 틀린 말은 아니지만 그렇다고 꼭 그런 방법만 있다고 생각하지 않았다. 아니 조금 더 솔직하게 말하자면 힘들게 또 몇 년을 참으며 A+ 성적을 위해 공부하고 싶지 않았다. 나는 더 이상 나의 행복을 뒤로 미루고 싶지 않았으며 화려한 아이비리그 진학과 대기업 입사 타이틀이 나를 행복하게 해줄 것이라고 생각하지도 않았다.

20대 초반 내가 가장 잘한 것은 삶의 방향성을 올바르게 설정했다는 것이다. 내 삶을 남과 사회에 굳이 잘 보이려 애쓰지 않았고, 화려한 치장을 다는 것에 의미를 두지 않았다. 나는 내가 만족할 수 있는 삶을 사는 데 최선을 다했다. 치열하게 내 자신이 무엇을 잘하는지, 좋아하는지, 행복한지에 대해 끊임없이 스스로 질문하며 고민했다. 그 결과로 쓸 만큼의 부를 얻은 것도 사실이다. 하지만 그건 언제까지나 내 목표를 달성한 물질적인 보상에 지나지 않는다. 그 어느 것과도 바꿀 수 없는 가장 큰 보상은 바로 내가 원하는 삶을 살게 된 것이다.

샤넬의 수석 디자이너 칼 라거펠트가 쓴《칼 라거펠트, 금기의 어록 The world according to Karl》에는 이런 말들이 있다.

> 자기 자신에게 가장 어울리는 삶을 살라. 그것이야말로 궁극적인 럭셔리다.
>
> 세상 모든 것이 나의 자양분이다. 나는 모든 것을 끌어들이고, 받아들이고, 그 모든 것을 소화하는 위성방송수신기다. 이를 통해 나는 내 방식으로 재창조한다.

세상을 내 방식으로 해석하고, 표현하고, 즐길 줄 안다면 당신은 아마 인생을 재미있게 살고 있는 사람일 것이다. 한 번 뿐인 인생을 가장 당신답게 살고 싶지 않은가?

유행을 좇지 말고 나만의 창업을 시작하라

지금까지 약 5년 동안 사업을 하면서 비즈니스는 한 사람의 인생을 일구는 과정과 매우 비슷하다는 것을 깨달았다. 법인(法人)이 법으로 만든 인격체라는 뜻을 가지고 있듯이 창업과 인생은 매우 닮아있다. 럭셔리한 인생을 사는 것처럼 창업도 충분히 럭셔리하게 할 수 있다.

우리는 아직까지 '거라지 창업'에 익숙하다. 아무것도 없는 차고에서 시작해 전 세계적 IT 거대 기업이 된 애플의 탄생 일화이기도 하기 때문이다. 하지만 칼 라거펠트가 말한 것처럼 유행은 촌스러워지기 바로 직전을 가리키는 말일지도 모른다. 시대를 앞서가는 사람들은 유행을 따라가는 사람들이 아니라 만들어내는 사람들이다. 패션에도 유행이 있는 것처럼 창업에도 유행이 존재한다. 그리고 나는 지금 우리 사회가 이전 시대의 창업 방식에서 벗어나지 못한 채 유행을 좇아가고 있다고 생각한다.

내가 생각하는 디지털 노마드 창업은 창업하는 방식에 있어서 새로운 유행을 만들어내는 것과 같다. 꼭 직원 수가 많아야 회사가 영향력 있는 걸까? 미래에는 어쩌면 사람 1명과 AI 기술로만 이뤄진 기업이 1조 원에 매각될지도 모르는 일이다. 남에게 보여주기 위해 창업하는 것은 공허함만 낳을 뿐이다. 명문대나 대기업 타이틀을 얻는 것처럼 큰 사무실과 많은 직원 수, 투자금액만이 꼭 영향력 있는 회사를 뜻하는 것은 아니다. 럭셔리의 위대함은, 그 누구에게도 나 자신을 정당화해야 할 필요가 없다는 것과 같다.

거라지 창업은 빈자의 마인드

내가 정의하는 거라지 창업은 '빈자의 마인드'로 창업하는 것이다. 빈자의 마인드를 가진 사람들은 나 자신을 증명해 내기 위해 무리한 신용카드 할부로 포르쉐를 사며 공허함을 채운다. 반면 부자의 마인드를 가진 사람들은 소비도 하나의 투자로 바라보며 적더라도 자신에게 끊임없는 '캐시 플로우(Cash Flow)'를 제공할 수 있는 돈덩이를 만들어낸다.

가장 가까이에서 수많은 사업계획 이야기를 듣고 웹이나 앱 등의 디자인과 개발을 도와주는 일을 하면서 너무나 많은 사람이 남들에게 보여주기 위해 창업을 한다는 느낌을 받았다. 단지 지원사업을 받은 기관에 제출해야 하는 명목으로 만들어진 서비스가 잘 되기는 쉽지 않다. 내 주머니에서 나온 돈이든 지원받거나 투자받은 돈이든, 시간이 지나면 감가상각되어 수익성이 없는 자동차를 사는 것보다 매달 몇십만 원이라도 끊임없는 캐시 플로우를 만들어낼 줄 알아야 한다.

사업을 하는 사람들 중 너무나 많은 사람이 하루에 만 원도 스스로 벌려고 하지 않으면서 오로지 남의 돈으로 투자받으며 장밋빛 사업계획을 그려나간다. 지금 당장 받는 몇백만 원 혹은 몇천만 원의 투자금이 커보일 수 있지만 스스로 수익을 만들어 낼 수 있는 능력이 있다면 시간이 지나 그 정도 금액은 금방 만들어 낼 수 있다.

일반적인 창업과는 다른 즐기는 창업의 특징

취업과 창업의 세계에는 서로 다른 룰이 존재한다. 스포츠에 비유하자면 서로 다른 종목이나 마찬가지인 것이다. 각 스포츠 종목마다 다른 경기 규칙과 심판 기준이 있는 것처럼 이 두 세계에서 생존하는 법칙은 전혀 다른 능력과 기술을 요구한다. '일반적인 창업'과 내가 말하고자 하는 디지털 노마드 창업을 기반으로 한 '럭셔리 창업'도 마찬가지로 서로 완전히 다른 영역이다.

럭셔리 창업은 일에 쫓기는 삶이 아니라 주체적인 삶을 살 수 있게 한다. 나는 디지털 노마드 창업으로 회사를 가볍게 유지하면서 대학교 공부와 인턴 경험, 독서와 운동 그리고 여행으로 내 삶을 더 풍요롭게 만들고 있다. 이번 장에서는 럭셔리 창업의 대표적인 3가지 구체적인 특징들에 대해서 소개하며 창업 세계를 이해하는 눈을 좀 더 넓혀보도록 안내하겠다.

즐기면서 창업한다

취업의 세계에는 회사라는 시스템 안에 계급이 존재한다. 창업도 마찬가지다. 사장님이라고 다 똑같은 사장님이 아니다. 사장님들에게도 레벨이 존재한다. 각 사람들마다 저마다의 판단 기준은 다를 수 있지만 내가 생각하는 가장 대표적인 기준은 이렇게 정의할 수 있다. "일에 끌려다니는 사장님인가? 아니면 주도적으로 이끌어가는 사장님인가?"

사장님도 노동자일 수 있다. 겉만 대표라는 이름을 달고 있을 뿐, 본인이 만든 시스템과 회사에 완전히 잠식해 노동하는 사장님들도 많다. 그들의 생존 법칙은 버티면서 살아가는 것이다. 일에 치이고, 매출과 비용의 숫자에 치이고, 사람관계에서도 치이며 살아간다. 그들은 일과 사업은 당연히 이런 것이라며 하루하루 버티는 힘을 원동력 삼아 회사를 유지시킨다. 아픔과 고통은 성장하기 위해 당연하게 필요한 자양분이라고 생각할 수 있겠다. 하지만 '싸우지 않고 이기는 것이 진정한 승리'라는 말이 있는 것처럼 고통을 피하고 즐기면서 성장할 수 있다면 그렇게 하는 것이 나는 진정한 고수라고 생각한다.

럭셔리 창업은 버티는 창업이 아니라 즐기는 창업이다. 내가 행복하고 즐거움을 느끼는 분야를 선택해 그것을 매일 반복하고 성장시키는 것이 럭셔리 창업의 핵심 원동력이다. 좋아하는 일을 아이템으로 선택해 창업하는 것만을 단편적으로 이야기하는 것이 아니다. 내가 원하는 시간에 원하는 공간에서 원하는 만큼 벌어내는 것이 럭셔리 창업의 가장 큰 즐거움이다. 회사에 얽매이는 것이 아니라 내가 가는 곳이 어디든 일터로 만들 수 있도록 주도적인 힘을 갖는 것이 창업의 가장 강력한 무기가 된다는 것을 기억하라.

회사를 가볍게 유지한다

회사에 얽매이지 않기 위해서는 회사를 가볍게 유지해야 한다. 이 말을 조금 더 구체적으로 풀어보자면 시간, 공간, 돈으로부터 자유로워져야 한다고 해석할 수도 있다. 나도 처음 창업을 꿈꿀 때는 멋진 사무실에 내가 만드는 시스템을 위해 일하는 수많은 사람이 출근해 일하는 모습을 상상하는 것만큼 가슴 벅차고 설레는 일이 없었다. 하지만 점점 시간이 지나면서 그 네모난 공간이 오히려 나를 구속시킬지도 모른다는 생각이 들었다. 나는 사업을 하지만 동시에 자유로움을 포기하고 싶지 않았다. 매일 같은 공간으로 출근하고, 정해진 시간에 출퇴근하며 똑같은 사람들을 매일 마주치며 시시비비를 가리기 싫었다.

그보다 나는 내가 원하는 곳 어디든지 떠날 수 있을 때 떠나며 사무실 밖에 펼쳐진 더 넓은 세상을 만끽하고 싶었다. 하루의 시간을 마음껏 자유롭게 배분해 업무 외에 다른 자기계발도 열심히 하면서 나를 더 멋진 사람으로 만들고 싶었다. 그리고 나에게 필요한 만큼의 인간관계에 투자하며 사람관계로부터 오는 스트레스를 크게 받고 싶지도 않았다.

결론부터 말하자면 지금 현재 나의 회사를 위해 일하는 사람이 10명 가까이 되지만 모두 각자 편한 공간에서 일하며 필요한 날에만 출근하고 있다. 불필요한 회식도 없으며 나뿐만 아니라 일하는 모든 사람들의 업무 시간도 자유롭다. 할당된 일을 정해진 기한 안에 끝내기만 한다면 언제 일하는지는 크게 중요하지 않다. 나는 회사를 성장시키는 동시에 시간을 자유롭게 사용해 대학 수업과 스포츠, 외국어 공부도 틈틈이 할 수 있었다.

따로 홍보와 영업을 하지 않지만 성공적으로 마무리되는 프로젝트는 자연스럽게 다른 일로 이어져 매출도 꾸준히 상승하고 있다. 더할 나위 없이 좋은 점은, 불필요한 사무실 고정비와 다른 기타 비용이 발생하지 않기 때문에 매출대비 순수익 비율을 아주 높게 가져가며 지금까지 다른 누군가로부터의 금전적 도움 없이 스스로 만들어내는 비용으로 사업을 유지하고 있다.

'레버리지'를 충분히 활용한다

혼자 할 수 있는 비즈니스는 없다. 사업이 더 커질수록 그렇다. 앞에서 말한 것처럼 매일 일에 치이며 나의 삶을 송두리째 포기하는 대가로 사업을 키울 수 있는 것만은 아니다. '레버리지'를 적절하게 활용하는 원리만 깨우친다면 사업의 규모가 커질수록 수익과 나의 자유시간 역시 비례해 늘어나는 놀라운 경험을 할 수 있다. 럭셔리 창업은 사업이 안정화될수록 시간, 장소 돈으로부터 자유로워질 수 있다는 놀라운 법칙이 존재한다.

나 역시도 프리랜서로 일을 시작한 초창기에는 모든 일을 혼자 다 처리할 수밖에 없었다. 디자인뿐만 아니라 영업 전화, 상담전화, 메일, 수정, 자잘한 서류 처리와 세무 행정까지 스스로 직접 해야 했다. 그러나 지금의 나는 가장 중요한 UX 컨설팅을 제외하고 거의 모든 일을 다른 사람들에게 위임하여 일을 처리한다. 따라서 그 외에 주어지는 개인 시간에는 사업의 큰 방향성에 대해서 충분히 고민하고 성장시키는 데 시간과 에너지를 집중해 온전히 몰입할 수 있게 되었다.

롭 무어의 《레버리지》에서는 레버리지를 이렇게 정의한다.

> 레버리지는 최소한의 노력과 시간으로 현대 과학 기술로부터 최대의 이익을 얻는 방법이고, 삶과 비즈니스를 위해 타인을 활용하는 방법이며, 더 짧은 시간에 더 많은 일을 처리하고, 모든 것을 아웃소싱하고, 이상적인 라이프스타일을 창조하는 방법이다.

이와 더불어 레버리지의 가장 큰 특징을 설명하자면 레버리지는 크게 '레버리지를 당하는 자'와 '레버리지를 하는 자'로 구분할 수 있다는 것이다. 만약 내가 편의점에서 알바를 하게 된다면 만들어진 편의점 사업체의 시스템 안으로 들어가 정해진 시간과 돈을 받게 된다. 이 경우 내가 통제할 수 있는 것은 없으며 그들의 통제 아래 경제활동을 지배당하게 된다. 이럴 경우 자본주의 사회에서 '레버리지를 당한다'라고 표현할 수 있다. 반면에 만약 레버리지를 실행하는 사람이라면 역으로 자신이 만들어 놓은 시스템을 위해 일 해줄 수 있는 다른 사람을 찾고 그들에게 적절한 경제적 가치를 제공할 수 있게 된다.

내가 운영하는 회사가 다른 곳에 비해 갖고 있는 가장 큰 차이점도 바로 여기에 있다. 대부분의 디자인 회사는 한정된 인원으로 정해진 프로젝트만 받는다. 하지만 우리 회사에는 프로젝트의 규모와 인원에 제한이 없다. 프로젝트의 범위도 UX 컨설팅을 중심으로 한 소프트웨어 디자인 및 개발과 제품 디자인, 블록체인까지 매우 다양하다.

이렇게 넓은 범위의 프로젝트를 각기 다른 인원으로 성공적으로 수행할 수 있는 이유는 레버리지를 아주 잘 활용하고 있기 때문이라고도 할 수 있다. 90%가 프리랜서로 이루어진 우리 회사는 우리만의 핵심 UX 컨설팅 과정과 업무 프로세스를 갖추고 있고 그 프로세스에 맞추어 개개인들의 자신의 역량을 마음껏 발휘하게 된다. 개발하는 서비스의 가장 중요한 부분이 블록체인 관련 사업 모델이라면, 우리 스스로가 블록체인 회사가 될 필요 없이 그 분야에서 탁월한 사람을 프로젝트에 투입시키는 것이다.

프로젝트를 받아 단순히 일정 수수료를 받고 연결시켜주는 중개 플랫폼과도 확연한 차이가 있다. 중개 플랫폼과는 달리 우리는 회사가 하나의 컨트롤 타워가 되어 전체 프로젝트와 프로세스를 모두 총괄해 모든 클라이언트가 동일한 컨설팅 과정을 경험할 수 있도록 하기 때문이다. 개개인이 주체적으로 존재함과 동시에 전체로서의 조화로움도 같이 추구할 수 있을 때 비로소 내가 돈을 위해 일하는 것이 아니라 돈이 나를 위해 일할 수 있도록 상황을 역전시킬 수 있다.

디지털 노마드 창업에 필요한 스킬 4가지

스물네 살, 스스로의 힘으로 월 1,000만 원을 벌었다. 프리랜서를 본격적으로 시작한 지 딱 3개월만이었다. '어떻게 3개월 만에 그만큼의 돈을 벌 수 있었지?'라는 궁금증이 생길 수도 있다. 하지만 절대 오해하지 마시라. '잠깐' 또는 '바짝' 노력해서 단기간에 그렇게 된 것이 절대 아니다. 그런 수입을 만들 수 있었던 건 목표의식을 갖고 살았던 지난 10년이라는 긴 시간이 있었기에 가능했다.

결코 1,000만 원은 큰 수익이 아니라고 생각한다. 사업의 기준으로는 오히려 시작 지표에 가깝다. 그렇다고 어느 하나만 잘하거나 운이 좋아서 쉽게 얻은 결과는 절대 아니었다. 나도 모르게 내가 긴 시간 동안 노력하고 쌓아온 여러 가지 요소들이 복합적으로 작용한 결과였다. 앞서 말했던 복리의 효과가 드디어 열매를 맺은 것이라고 볼 수도 있다.

그 결과를 만들어내기까지 내가 발전시키고 공부했던 5가지 스킬에 대해 말해보려고 한다. 이 내용은 단순히 돈을 버는 방법을 넘어 창업의 기초가 된다. 글을 읽는 여러분 스스로 디지털 노마드 창업에 사용할 수 있는 자신만의 소프트웨어 스킬은 무엇이 있을지 한 번 고민해보자.

스킬 1. 설득할 수 있는 능력

10대와 20대를 걸쳐서 내 에너지의 8할은 모두 공부와 독서 그리고 토론에 썼다. 돌이켜 보면 나의 탄탄한 베이스를 만들어 준 것은 조기 미술 교육이나 타고난 예술적 감각이 아닌 글쓰기와 말하기 훈련이었다. 꾸준하게 길러온 읽기, 쓰기, 그리고 말하기 훈련은 이후 디자인을 할 때도 제일 큰 도움이 되었다. 나만의 논리 구조를 만들어 클라이언트를 설득할 수 있었기 때문이다. 왜 이런 디자인 방향으로 가야 하는지, 브랜딩은 어떠한지, 그래서 앞으로 우리 서비스는 어떻게 개선되어야 하는지 등 하나의 디자인을 산출하기 위해 서로 의견을 조율해야 할 부분이 프로세스의 가장 큰 비중을 많이 차지한다.

디자인뿐만이 아니다. 비즈니스는 결국 내 서비스를 이용하는 고객을 설득해야 하는 과정이다. 우리 서비스를 왜 사용해야 하는지, 무엇이 좋은지 끊임없이 고객의 마음을 움직이고 설득시켜야 한다. 끊임없이 내가 하려는 일을 다른 사람에게 설득하는 과정을 반복하는 것이 결국엔 사업이다. 꼭 글쓰기를 잘해야 하는 건 아니다. 디지털 노마드 창업의 세계에서 내 생각을 표현할 수 있는 방법은 아주 다양하다. 짧은 글일 수도, 그림이나 영상이 될 수도 있다. 내가 가장 자신 있는 매체를 선택해 상대방에게 스토리를 전달하고, 마음을 움직일 수 있으면 된다.

스킬2. 관찰하는 능력

여러 사업의 기회를 발견하고 실현할 수 있었던 건 일상의 사소한 것들을 관찰하는 것에서부터 비롯되었다. 갑자기 떠난 오지의 여행지에서, 운명처럼 만난 사람과의 만남에서 사업 아이디어가 번뜩이는 건 아니었다. 흘려보낼 수 있는 일상에서 오히려 나는 기회를 포착했다. 이런 기회를 발견할 수 있었던 건 사진을 찍는 습관 덕분이었다. 어떤 가게를 가거나, 여행지를 가더라도 사용성이 불편했던 점들은 사진을 찍어 기록해놓았다. 단지 불편한 부분뿐만이 아니었다. 어떤 서비스를 사용하면서 좋았던 점, 마음에 꽂혔던 문구, 감동을 주었던 부분 모두 그때마다 기록으로 남겼다. 훗날 내가 사업적으로 어떤 고민이 생기거나 아이디어가 필요할 때 이런 메모들을 쭉 다시 보는 것이 나만의 해결책을 만들어주었다.

창업을 하기 위해 거창한 비즈니스 모델을 만들려는 생각은

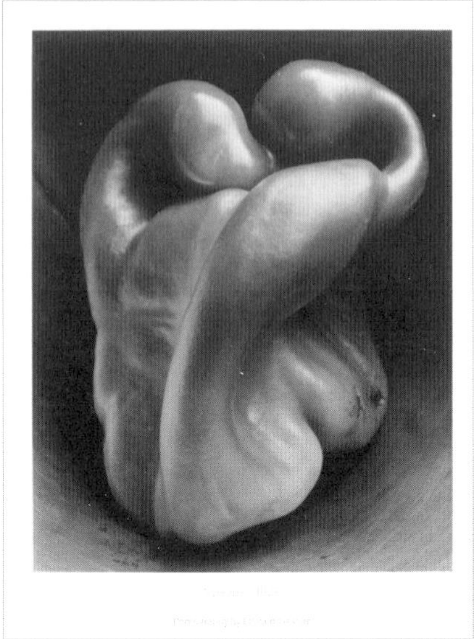

에드워드 웨스턴, 〈피망(Pepper No. 30)〉, 1929

우선 접어두자. 가장 예술적인 사진은 화려하고 멋진 오로라 사진이 아니다. 그런 사진들은 구글에도 검색하면 많이 나온다. 가장 좋은 사업은 내가 할 수 있는 가장 평범한 것을 비범하게 만들어내는 것이다. 마치 미국의 한 사진작가 에드워드 웨스턴(Edward Weston)이 남긴 유명한 말처럼.

나는 비범한 대상을 찾아 다니지 않고 평범한 것을 비범하게 만든다.

스킬3. 다양한 툴을 이해하는 능력

요즘 '스케치(Sketch)'라는 툴은 UI/UX 디자이너들 사이에서 많이 사용하는 프로그램이다. 하지만 내가 처음 스케치를 접한 건 대부분의 디자이너들이 아직 포토샵(Photoshop)을 쓰고 있었던 시기였다. 우연하게도 남들보다 빨리 스케치에 대해서 접할 수 있었던 터라 그만큼 더 많은 기회가 주어졌다. 다른 디자이너들이 이제 막 스케치에 대해서 공부하고 툴을 익히는 동안 나는 이미 마스터하고 다른 여러 툴을 살펴보며 역량을 높일 수 있었다. 스케치 외에도 피그마(Figma), 아보코드(Avocode), 어피니티 디자이너(Affinity Designer), 제플린(Zeplin) 등 새로 나오는 툴도 그만큼 더 빨리 접하고 익힐 수 있었다.

디자인에 있어서만 이러한 툴들이 중요한 건 아니다. 디지털 노마드 창업은 온라인에서 쏟아져 나오는 새로운 툴들과 플랫폼들을 누가 얼마나 빨리 알고 있느냐의 문제로 기회가 주어지기도, 뺏길 수도 있다.

내가 초창기 디자인으로 입지를 다질 수 있었던 것도 당시 '크몽'에 UX/UI 서비스를 올린 것으로부터 시작되었다. 지금도 여전히 나는 다른 플랫폼에 서비스를 홍보하지 않고 있다. 크몽이 자연스럽게 커지면서 나의 서비스도 자연스럽게 그만큼 더 많은 사람들에게 노출이 더 잘 되기 때문이다. 지금은 크몽 본사 측에서도 서비스를 좋게 봐주셔서 직접 본사를 통해 서비스를 소개받고 프로젝트를 진행하는 경우가 많아졌다. 이처럼 나의 사업 아이템을 가장 잘 표현할 수 있는 툴들을 빠르게 익히는 것을 넘어서, 가장 잘 발산할 수 있는 여러 디지털 플랫폼들을 활용해 보도록 하자.

스킬4. 그냥 도전해 보는 능력

대학교 수업 중에 가장 기억이 남았던 수업은 'Mind over Matter'이라는 전공 교양 수업이었다. 뜻을 풀이하자면 '물질적인 것보다 정신적인 것이 더 중요함, 혹은 마음먹기에 따라 달려있음'이라고 해석할 수 있다. 이 수업에서 우리의 과제는 조금 독특했다. 바로 자기가 가장 두렵다고 느끼는 것을 한 번씩 도전해야 했기 때문이었다.

예를 들어서 어떤 한 선배는 부모님이 머리를 한 번도 짧게 자르지 못하게 했다. 그래서 항상 긴 머리였는데 이 수업 과제로 난생 처음으로 숏커트를 도전했다. 나의 경우에는 사람들의 시선을 두려움이 있었다. 그래서 '곰돌이 푸'에 나오는 티거 잠옷을 입고 시내를 하루 종일 돌아다니는 것을 도전해보기로 했다. 동물 잠옷을 입고 지하철도 타고 서점도 가고 명동에서 길거리 음식도 먹었다. 처음에는 부끄러웠지만 점차 사람들이 생각만큼 나를 크게 의식하지 않는 게 느껴졌다. 교수님이 말씀하신 것처럼 스스로가 만든 두려움을 깨는 연습을 하고 있었던 것이었다.

우리는 살면서 무언가 도전해보고 싶다는 생각이 가슴 속에서 피어오를 때가 있다. 어떤 사람들에게는 그게 창업일 수도 있을 것이다. 하지만 대부분 그 시도 자체가 너무 두렵기 때문에 그냥 고민으로 끝나는 경우가 훨씬 더 많다. 하지만 내 경험으로 배운 건, 시도하기 전까지는 두려움이 없어지지 않는다는 것이다. 실행하지 않은 막연한 불안감, 걱정, 초조함 등이 두려움을 증폭시키는 것이다.

슬럼프가 오는 것도 마찬가지다. 내가 정의하는 슬럼프는 생각하는 것보다 행동이 더 느려졌을 때다. 가만히 있다고 특별한 기회가 그냥 만들어지는 것은 절대 아니다. 나 역시도 그때 그때 떠오르는 아이디어들을 72시간 내에 실행할 수 있도록 72시간 노트를 따로 만들어서 실행하고 있다. 생각한 아이디어를 실현하는 데 필요한 시간은 3일이면 충분하다고 느끼기 때문이다. 고민하는 시간보다 행동을 더 빠르게 하는 것이 꿈을 현실로 만드는 지름길이다. 당신이 지금 꿈꾸고 있는 것을 3일 안에 도전해보라!

창업하려면 앱이나 웹사이트를 꼭 처음부터 개발해야 할까

'창앱'하지 말고 '창업'하세요

처음 창업을 막 시작하려고 하는 사람들의 실수가 '앱만 만들면 모든 것이 해결되겠지'라고 생각하는 것이다. 앱이나 웹사이트를 일단 만들어 놓으면 투자도 받고 사용자들이 자연스럽게 사용할 거라는 건 엄청난 착각인 걸 모른 채 말이다. 그래서 초기 창업자들의 공통된 실수는 사용성을 검증하지도 않은 채 무조건 앱이나 웹사이트를 만드는 데 엄청난 비용을 들이는 것이다.

창업 대회나 아이디어 피칭(Pitching)을 하는 자리에서 사람들 대부분이 자신들이 만든 앱의 기능들을 설명하는 걸 보면 그 사태가 더 심각하다는 걸 느낀다. 자신의 서비스를 런칭하려는 클라이언트를 만날 때도 마찬가지다. 사전 검증이나 베타테스트를 충분히 하지도 않은 채 앱부터 완벽하게 만들려고 한다. 그렇게 값비싸게 주고 만든 앱은 결국 소프트웨어 클라우드 하늘에 떠다니는 공해가 된다. 시장이 필요로 하지 않는 쓰레기가 되는 것이다.

2019년에 서울시와 KT&G 에서 주최한 '상상 나의 서울' 대학교 창업캠프에 심사위원이자 멘토로 참여했었는데, 그때 학생들에게 '앱을 만들지 말라'고 강조했다. 앱을 만들어야 될 상황이 되기 전까지 굳이 앱 개발을 하지 말라는 이야기다.

그랬더니 더 놀라운 일들이 펼쳐졌다. 도서와 굿즈 정보를 제공하는 서비스를 기획했던 한 팀은 인스타그램에 콘텐츠를 꾸준히 올렸더니 오히려 출판사에서 협찬을 해주겠다는 연락이 왔다. 멘토링을 받은 이후, 굿즈로 사용하기 괜찮은 물건 업체인 여러 소상공인들이 이들에게 흔쾌히 상품을 제공하며 큐레이션의 영역을 더욱 확장해가고 있다는 좋은 소식을 들려주기도 했다. 여러 매체들과 연락해 본인들이 하고 있는 일을 알리며, 이에 관심 있는 사람들을 모으다 보니 꾸준한 팬덤을 모아 사업의 발판을 마련할 수 있었다.

우리는 '창앱'이 아니라 '창업'을 해야 한다. 창업의 본질은 지속가능한 수입을 만들어내는 것이다. 앱이나 웹사이트는 지속가능한 수입을 만들어 주는 '수단'일 뿐이다. 기본적으로 작동하는 앱/웹을 만들려면 최소 몇백만 원에서 몇천만 원이 든다. 근데 막상 몇천만 원짜리 서비스를 만들었다고 해서 바로 사용자들이 모이는 것도 아니다. 이건 마치 내가 최고급 카메라와 최고급 촬

영 장비를 써서 영상을 찍는다고 백만 유튜버가 될 수 있는 것은 아닌 것과 똑같은 맥락이다.

이럴 때는 앱 개발이 필요하다

만약 다음 2가지 사항에 해당한다면 앱이나 웹사이트를 만들어도 괜찮다.

- 3년 이상 쌓은 지식/경험/노하우가 있다.
- 디지털 기반 플랫폼에 축적된 콘텐츠와 사용자가 존재한다.

만 명 정도 되는 네이버 카페를 운영하는 클라이언트를 만난 적이 있다. 이 카페는 회원들이 중고차 관련한 정보를 주고받고, 또 좀 더 저렴한 가격에 실제로 차 구입을 중개해주는 일들이 활성화되어 있었다. 이런 경우에는 웹사이트를 개발해 사용자 행동을 그대로 옮겨서 사용자가 정보를 더 잘 볼 수 있게 제공하고, 구입을 원활하게 해서 기존 사업의 매출을 더 끌어올릴 수 있다. 요즘에는 꼭 카페가 아니더라도 인스타그램, 페이스북, 브런치, 유튜브 등 쌓아놓은 디지털 콘텐츠와 그 콘텐츠를 좋아하는 구독자가 어느정도 모인다면 그 이후에 앱 개발을 해도 전혀 늦지 않다.

위와 같은 경우가 아니더라도, 내 아이디어가 획기적이어서 사업화를 빨리 시켜야 하는 급박한 상황이라면 빠르게 앱/웹 개발을 하는 것도 전략일 수 있다. 그럴 때는 1/10 법칙을 적용해보자. 1/10법칙이란 바로 내가 만들려고 하는 서비스의 1/10만큼만 먼저 구현하는 것이다.

예를 들어 만약 어떤 사람이 개발하려고 하는 서비스의 기능이 총 10개가 된다고 가정할 때, 이 10가지의 기능을 모두 완벽하게 개발하려면 기획부터 디자인, 개발까지 총 1,000만 원이 들어간다고 해보자. 그렇다면 1/10 비용 정도만 투자해 마치 내가 만들려고 하는 서비스가 실제로 존재한다고 생각하고 한 페이지 회사 소개 웹사이트만 멋있게 만들어보는 것이다. 그러고 나서 고객이 실제로 서비스 문의가 잘 들어온다면 추가적인 기능을 개발하면 된다. 하지만 만약 서비스에 반응이 없다면 개발을 더 무겁게 진행하는 것이 아니라 사용자가 관심 갖지 않는 문제점을 정확하게 파악하는데 시간과 비용을 투자해야 한다.

투자비용일까 지출비용일까

이처럼 내 첫 서비스를 앱이나 웹으로 개발하려고 한다면, 그 개발 비용이 내 사업에 도움을 줄 수 있는 투자비용인지 아니면 단순하게 지출되는 비용인지 판단해야 한다. 개발비의 기준은 무조건 돈이 있는 만큼 전부를 개발비에 투자하는 것이 아니라, 성과가 돌아오지 않더라도 사업적으로 감당할 수 있을 만큼만 개발비로 써야 한다.

만약 위에서 언급한 두 가지 중 하나라도 충족되지 않는다면 너무 전문적인 앱/웹 개발은 잠시 접어두자. 시장성이 검증되지 않은 채 바로 개발하는 건 몇천만 원을 버리는 것이나 다름없다. 대신 당장 시작할 수 있는 다른 방법이 있다. 바로 무료로 이용할 수 있는 자신과 잘 맞는 플랫폼을 먼저 찾아 나만의 콘텐츠를 쌓으면서 분야를 발견하고 시장성을 검증하는 것이다.

한 IT 전문가의 경우 몇 년 전까지 현업에서 일하는 개발자였지만, 잠깐 진로를 고민하며 쉬는 동안 숨고에 개발자 과외를 해준다는 공고를 올렸다. 한두 번씩 과외를 진행하며 좋은 후기를 만들었고, 개발 공부 자체에 대한 수요가 예상보다 훨씬 많은 것을 발견했다. 그래서 취업대신 개발 수업을 제공하는 본인의 서비스를 만들었다. 처음에는 MVP(Minimum Viable Product)라고도 할 수 있는 정말 간단한 서비스 소개 웹사이트로 시작해, 소비자와 시장의 반응을 보며 하나씩 기능을 추가, 변경하며 현재도 서비스를 완성시켜가고 있다.

개발자로서 전문 지식과 실제 구현할 수 있는 역량이 있어도 완벽하게 개발하는 것이 아니라 피드백에 따라 유연하게 변화할 수 있도록 구현하기 가장 쉽고 시간이 덜 걸리는 방법을 선택해서 개발하는 것이다.

욕심을 내려놓고 시작하라

창업자는 내가 원하는 걸 만드는 것이 아니라 다른 사람이 원하는 걸 발견하고 만들어낼 줄 알아야 한다. 그런데 초기 창업자에겐 이 욕심을 내려놓는 게 가장 어렵다. 그래서 최소한의 시간과 기회비용으로 빨리 이 사실을 깨달아야 한다. 내가 만들고 싶은 대로 만들고 난 후에 고객이 생각보다 반응이 없다는 사실을 빨리 인지해야 비로소 고객이 원하는 것이 무엇인지 보이게 되기 때문이다. 이걸 빨리 깨닫는 사람이 사업 전선에서 연비가 좋은 차를 탄 사람이다. 돈이 많은 사람도 아니고, 학력이 높은 사람도 아니다. 사업이 잘된다는 건 내 사업을 찾는 고객이 많다는 뜻이 제일 중요한 성공 지표이기 때문이다. 고객을 잘 아는 사람이 제일 빨리 달릴 수 있다.

내가 만들려고 하는 서비스가 꼭 앱/웹사이트로 완벽하게 나와야 한다고 생각했다면 다시 한번 마음을 점검해보길 바란다. 초기 창업자가 개발에 너무 집착하는 이유는 자신의 서비스가 정말 잘될 것 같아서라기보다, 오히려 반대로 자신이 없기 때문에 기능 구현이라도 완벽하게 되어야 하지만 안심할 수 있는 경우가 훨씬 더 많다. 진짜 자신 있다면 오히려 개발이 조금 어설퍼도 상관없다. 왜? 사용자는 그럼에도 불구하고 어차피 매력적인 서비스라면 사용하게 되어있기 때문이다.

무료로 이용할 수 있는 플랫폼

- 브런치(Brunch): 내가 글을 쓰는 데 자신 있다면 작가가 되어 나만의 글을 연재할 수 있다. 추후 브런치 책으로 발간할 수도 있다.
- 크몽(Kmong): 프리랜서/아웃소싱 플랫폼으로 내가 팔고자 하는 무형의 서비스를 등록하여 판매할 수 있다. 크몽에서 판매하는 전문가 중 90%가 본업이 있는 투잡러로 본업 외에 나의 전문 서비스로 돈을 번다.
- 숨고(Soomgo): 전문가 매칭 서비스 플랫폼으로 나의 전문 서비스를 등록하면, 해당 서비스 요청자가 전문가에게 견적을 받아 원하는 전문가를 선택하는 서비스 방식이다. 크몽처럼 본업 외에 부업으로 이용하는 사람들이 대부분이다.
- 유튜브(Youtube): 사용자가 자유롭게 영상을 올리는 비디오 플랫폼으로, 내가 올린 영상의 조회수나 구독자수에 따라 영상의 광고로 수익을 내는 시스템이다. 초등학생 장래희망 순위에 유튜버가 있을 정도로 개인이 제작한 다양한 콘텐츠로 수익을 창출할 수 있다.
- 아이디어스(Idus): 온라인 핸드메이드 제품 쇼핑몰로 내가 직접 만든 핸드메이드 제품을 판매할 수 있다. 손재주가 있다면 해당 쇼핑몰에 입점하여 판매 수익을 낼 수 있다. 입점을 원한다고 판매할 수 있는 것은 아니고, 입점 심사 / 다른 작가 추천 / 스카우트를 통해 입점이 가능하다.

자본주의에서 살아남는 공부법을 익혀라

나는 스스로 승부했다

지금까지 내 이야기를 읽으면서 이런 생각이 혹시 들었는지도 모르겠다.

'와 정말 대단해 어떻게 저렇게 빠른 시간 안에 성공할 수 있었지? 너무 부럽다.'

하지만 이건 완벽하게 잘못된 생각이다. 절대 몇 년 만에 이룬 것이 아니다. 열 살 때는 처음 미국으로 가 생판 모르는 영어를 혼자 공부했고, 열네 살엔 한국으로 돌아와 내신, 입시공부를 치열하게 했다. 그렇게 대학교에 들어간 스무 살엔 부모님 지원 없이 스스로 용돈을 벌기 위해 과외를 하며 돈 공부를 할 수밖에 없었다.

부모님은 내게 한 번도 공부를 하라고 강요한 적이 없었다.

이 모든 게 돈 버는 것과 무슨 상관이냐고? 다시 말하면 나는 스스로 무언가에 몰입하고, 목표를 세우고, 그 목표를 이루는 연습을 열 살 때부터 스물여덟 살까지 약 20년 동안 능동적으로 하면서 몸에 익혔다는 사실이다. 미국에서는 인종차별을 겪고 학교에서 무시당하면서도 도서관에 가서 혼자 전자사전을 펴고 단어를 하나하나 찾아가면서 공부했다. 입시공부를 할 때는 교과서를 스무 번 넘게 읽고 똑같은 문제집을 일곱 번 풀면서 공부했다. 내 기억에 명절, 공휴일이라고 마음 편하게 쉬어본 적이 거의 없다. 새벽에도 어느 때와 다름없이 똑같이 일어나 문제집을 풀었다. 주로 인강을 들으며 학원도 거의 다니지 않았다. 필요한 인강을 내가 알아보고 부모님에게는 결제만 부탁했다. 대학교 면접 준비에 필요한 입시학원 상담도 혼자 다녔다.

스물네 살에 내가 1,000만 원을 벌게 된 것은 갑자기 내가 그때 천부적인 재능을 발견했기 때문이 아니다. 스무 살부터 과외를 하면서 다양한 사람들을 상대하고, 내 재능으로 누군가에게 도움을 주는 법을 배워 몇십만 원 받았던 경험이 쌓이고 쌓여 스물넷에 좀 더 큰돈이 된 것뿐이다.

하지만 많은 사람은 성공한 그때의 그 시점의 일만 머릿속에 각인시켜 버린다. 그리고 자신에게도 그러한 '갑작스러운' 행운이 찾아오길 기대한다. 물론 그런 운도 존재한다. 하지만 갑작스럽게 다가오는 기회도 내가 지속적으로 투자하지 못한다면 언젠간 증발해버리고 만다. 따라서 우리는 갑작스러운 로또 같은 행운보다, 나의 삶에 복리의 법칙을 적용해 꾸준히 무언가 몰입할 것을 찾았는지 더 치열하게 살펴봐야 한다. 당신이 3년, 10년, 20년 동안 쌓아올리고 싶은 것이 무엇인가?

각자 자기만의 정답이 있다

나의 이야기를 읽고 내 얘기를 모두 '맹신'해서는 안 된다. 나는 내 경험과 이야기로 나만의 정답을 만들었을 뿐이다. 내 이야기를 참고하고, 본인에게 필요한 부분을 적용해 본인만의 정답을 만들어야 한다. 성공하는 데 절대적인 스킬은 없다. 절대적인 답도 없다. 하지만 많은 사람이 본인의 답은 찾으려고 하지 않으면서 다른 사람의 답을 쫓으려고만 한다. 자본주의 세상에서 수많은 자본들이 나의 생각을 침투하려고 한다.

'요새 디자인은 피그마 툴을 써야 한다', '영어 공부를 잘하려면 단어를 100개씩 외워야 한다', '주식 투자를 해야 한다' 등 너무나 많은 선택지들이 존재한다. 그럴 때마다 무엇을 선택해야 잘하는 선택일지를 고민하기보다 내가 선택한 것을 정답으로 만들어버릴 줄 알아야 한다.

내가 선택한 모든 것들은 '내 안'에서 찾은 것들이다. 다른 사람이 일찍 일어나야 한다고 해서 3시 30분에 기상하기로 마음먹은 것이 아니라, 새벽 시간의 고요함이 내가 좋아하는 것이기 때문에 선택한 것이다. UX디자인도 마찬가지다. 요새 UX가 대세라고 해서 전공을 선택한 것이 아니라, 어딜 가거나 무엇을 보거나 어떤 것을 사용할 때에도 사용자 경험에 대해서 생각하길 좋아하기 때문에 선택했다.

창업을 선택한 것도 마찬가지다. 나는 누가 나의 일을 정해주고 정해진 만큼 시간을 쓰기보다 차라리 리스크가 있더라도 온전히 내 시간과 내 삶의 주도권을 온전히 내가 갖고 싶어 창업을 선택했다. 다 모두 '나'라는 사람이 좋아하고 원하는 것들을 선택했기 때문에 업 앤 다운과 상관없이 포기하지 않고 계속 노력할 수 있었다.

UX디자인은 말 그대로 사용자의 경험을 디자인하는 것이다. 나는 사용자 경험을 디자인하듯이 스스로의 경험을 디자인할 줄 알아야 한다고 생각한다. 사용자 경험을 디자인해야 사용자에게 최적의 서비스 경험을 줄 수 있듯이 우리 모두 '자기 경험 디자인(Self Experience Design)'을 하게 된다면 삶이라는 서비스를 최적화시킬 수 있을 것이다. 그러니 다른 사람에 대한 관심은 조금 뒤로 하고, '자기 사용법'을 만들어라. 나만의 라이프스타일, 나만의 스킬, 나만의 법칙을 갖고 있으면 된다.

모든 시험의 출제 의도는 '핵심 파악'이다

얼핏 보면 입시공부와 자본주의 공부는 완전 다른 것이라고 생각하기 쉽다. 입시공부는 인생에 실질적인 도움은 안 된다고

들 흔히 생각하는 것처럼 말이다. 하지만 나는 그렇게 생각하지 않는다. 입시공부만큼 자본주의 사회에 필요한 무기를 갈고 닦는 좋은 훈련은 없다. 왜 그럴까?

대부분 시험문제의 출제 의도는 '주제 파악'이다. 교과서를 읽고 그 내용 중 가장 핵심적인 내용을 잘 파악했는지 물어보는 것이 학교 시험이다. 선생님이라는 화자가 수업시간에 말한 모든 내용 중에서 가장 중요한 부분이 나오는 것이 시험문제의 90% 이상을 차지한다. 수능 문제도 마찬가지다. 낱말 고르기, 적절한 문장 위치 파악하기 등 문제는 다양해 보일 수 있지만 중요하지 않은 부분에서 문제를 내는 경우는 없다. 즉 문제의 표현만 조금 다를 뿐이지 모든 시험문제는 지문을 쓴 작가의 의도가 무엇인지, 핵심은 무엇인지 묻는 질문들인 것이다.

이 훈련은 학교 밖을 벗어나도 동일하게 적용된다. 내가 어떤 책을 읽고 핵심을 요약할 수 없다면 그건 책을 잘 읽지 못한 것이다. 어떤 사람을 만났는데, 그 사람의 말 속에 들어 있는 숨은 의도를 파악하지 못한다면 시간만 낭비한 것이다.

좀 더 실질적으로 다가가 보자. 취업을 했는데 상사가 나에게 이야기를 길게 한다. 그런데 무슨 말인지 파악을 잘 못한다면? 상사는 그 직원을 일머리 없다고 여길 것이다. 오히려 사회에서는 수능 지문처럼 본인의 의도를 너무 명확하게 드러내는 경우는 드물다. 관계 때문에, 체면 때문에 중요한 의도는 숨겨져 있는 경우가 많다. 그럴 때 화자의 의도를 파악해낼 줄 알아야 똑

부러지게 자본주의 사회에서 살아남을 수 있다.

회사 생활뿐만이 아니다. TV를 켜면 홈쇼핑에서 이걸 꼭 사야 한다는 주장을 듣게 되고, 학원에 가면 이 과정을 꼭 들어야 한다는 주장을 듣고, 유튜브에서조차 이렇게 해야 성공한다는 수많은 각자의 주장에 노출되어서 살고 있다. 이때 내가 화자의 '숨은 출제 의도'를 파악하지 못한다면 다른 사람이 원하는 것만 채워주며 휘둘리는 삶을 살 수밖에 없다. 내 기준을 가지고, 필요하지 않은 다른 사람의 주장은 걸러낼 줄 알아야 한다. 그래야 내 '자본'을 지킬 수 있는 자본가가 될 수 있는 것이다.

학문적 공부보다는 실용적인 공부를

성공적인 대학 입시를 위해서만 공부를 열심히 해야 하는 건 아니다. 자본주의 사회에서 성공적인 삶을 살기 위한 공부법도 필요하다. 우리나라에서는 대부분의 사람들이 주입식 교육 훈련을 많이 받기 때문에 아카데믹한 공부 방법은 정말 많이 알고 있다.

영어 공부를 예로 들어보자. 내가 원하는 곳에 입학하거나, 취업하려면 영어 시험 점수가 필요하다. 토플이나 토익과 같은 영어 시험 점수를 만들기 위해 학원을 다녀서 원하는 성적을 만들었다고 해보자. 그렇다고 그 사람이 원어민처럼 영어를 잘 구사한다고 할 수 있을까? 학문적인(Academic) 영어 성적 점수가 좋다고 반드시 실용적인(Practical) 영어 실력을 갖췄다는 뜻은 아니다.

하나만 더 예로 들어보자. 디자인 툴을 모두 다룰 줄 알고, 학교에서 좋은 성적을 거뒀다고 그 사람이 디지털 노마드로 몇백만 원씩 벌면서 자유롭게 생활할 수 있다는 보장이 있을까? 문제는 여기서 시작된다. 사람들이 원하는 것은 디자이너로서 자유롭게 디지털 노마드로 생활하길 바라는 것인데, 그러기 위해 공부는 계속 이론적이고 학문적으로만 하게 한다는 것이다.

내가 말하고자 하는 핵심은 이렇다. 학문적인 공부는 시험을 위해 필요한 만큼만 하고, 나머지는 실용적인 실력을 쌓기 위해 노력해야 한다. 그래야 내 삶의 실용적인 면이 발전할 수 있다. 그런데 대부분 학문적인 공부만 하면서 나는 아무리 노력해도 안 된다며 절망한다.

초중고와 대학교에서 다루는 학문적인 공부의 시스템이 어디를 향하고 있는지 그 목표점에 대해서 생각해본 적이 있는가? 학문적인 공부는 한 분야의 '전문가'를 만들기 위한 공부 방법이다. 쉽게 말해 학교 공부를 잘하면 교수님이 되는 것이다. 내가 교수님이 되는 게 꿈이 아니라면, 학문적인 공부는 필요한 만큼만 잘하면 된다. 시험공부를 잘 하는 방법은 정해져 있다. 그 원리와 법칙을 아는데 너무 오랜 시간 쏟지 말고, 효율적으로 공부해 필요한 점수를 얻어내기만 하면 된다.

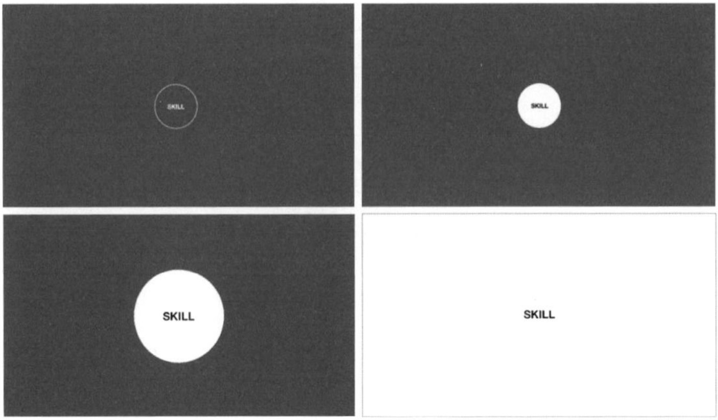

한 분야의 전문가가 되는 공부법

다양한 스킬로 다양한 색깔을 채우자

그렇다면 자본주의 사회에서 살아남기 위한 실용적인 공부는 무엇일까? 우선 학문적인 공부는 나의 재능을 발전시키는 것이다. 하나의 스킬을 점점 키워서 결국에 꽉 차게 만드는 것. 바로 한 분야의 전문가가 되는 공부법이다.

하지만 실용적인 공부법은 처음부터 하나의 스킬이 존재하는 것이 아니라 다른 여러 가지 색깔의 스킬들도 만들어 놓아야 한다. 그리고 그 다양한 스킬들이 다양한 색깔로 채워지는 것이 바로 실용적인 공부의 목표점이다.

내가 디지털 노마드가 되어 자유롭게 돈을 벌고 싶다면, 디자인 하나만 잘해서는 안 된다. 고객 응대도 할 줄 알아야 하고, 판매할 줄도 알아야 한다. 외국 클라이언트를 만나고 싶다면 영어

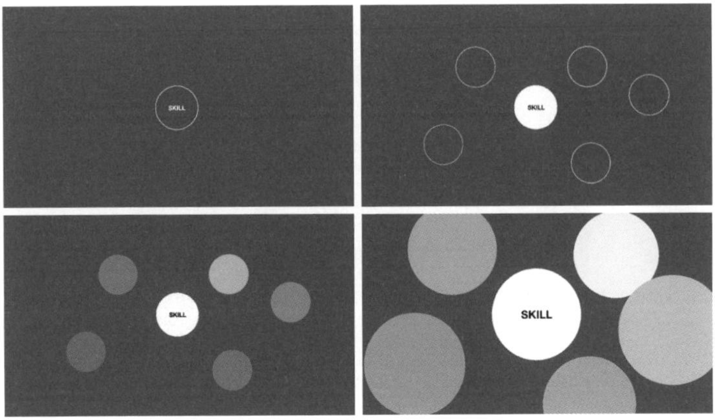

다양하게 채워지는 실용적인 공부법

를 어느 정도 수준으로 구사해야 한다. 이처럼 실용적인 세계에서는 어느 한 가지를 교수님처럼 잘 아는 전문가가 아니라 다양한 스킬들을 자유롭게 조합하고 활용할 수 있는 능력을 갖추는 것이 핵심이다. 그렇기 때문에 시험을 잘 치는 공부법 외에 나에게 필요하거나 새롭게 발전시켜야 하는 역량을 빠르게 배우고 터득해 내 것으로 만들어 낼 줄 아는 공부법을 알아야 한다.

고객의 '페인 포인트'를 찾아 해결하라

결국 자본주의 사회에서 내가 갖춰야 할 것은 나만의 사고체계를 만들어야 한다는 것이다. 즉 나만의 함수를 만들어야 한다. "돈을 어떻게 벌 수 있나요?"라고 묻는다면 나는 다음과 같은 그림으로 표현할 것이다.

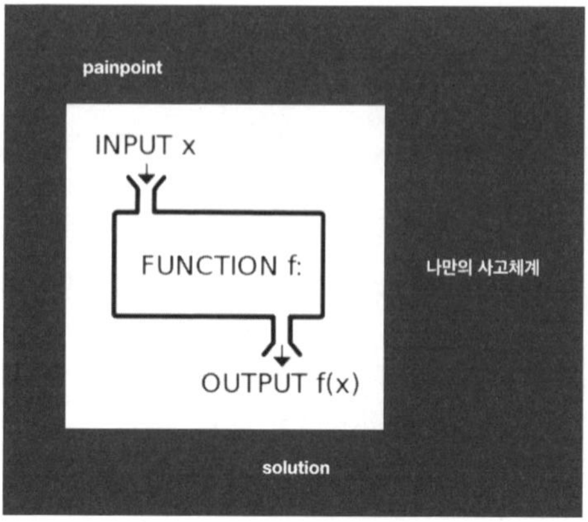

다른 사람들은 모두 자신이 해결하고 싶은 어떠한 불편함을 가지고 있다. 예를 들어 내가 살이 쪄서 스스로 불편함을 느끼는 '페인 포인트(Pain Point, 고충점)'가 있기 때문에 헬스 PT를 받고 싶을 수 있다. 또 현재의 내 헤어스타일이 마음에 들지 않는 부분이 있기 때문에 내가 원하는 헤어스타일을 만들어줄 수 있는 헤어디자이너를 찾게 된다. 이처럼 돈을 버는 것의 출발점은 다른 사람의 페인 포인트를 해결해주는 데서부터 시작된다.

쉽게 말해 고객의 불편함을 해결해주면 그 보상의 형태로 돈이 주어지는 것이다. 그런데 너도 나도 똑같이 할 수 있는 일만 한다면? 어디서든 대체 가능한 사람을 찾을 수 있기 때문에 내가 받을 수 있는 보상의 크기는 아마 작을 것이다. 즉 다른 사람의 페인 포인트를 나만의 방식으로 해결하면 나의 보상의 크기도 커지게 된다. 그건 나만의 것이고, 다른 누구도 할 수 없는 일이기 때문이다.

내가 이 책을 통해 얘기하고 싶은 건 이 한 가지다. 꼭 거창한 창업을 하고 대단한 사업가, 기업가가 되고 싶은 사람만 이런 걸 발전시켜야 한다는 뜻이 아니다. 직장인이어도, 공무원이어도, 이미 내가 사업을 하고 있어도 그런 어떤 직업적인 형태와 상관없이 우리 모두는 '우리 자신'이 되고자 하는 욕구가 있다고 나는 생각한다. 그게 삶의 전부일 필요도 없다. 일부는 내가 직장인으로 살면서 남은 저녁 시간에는 온전히 '나'를 찾아오는 사람들에게 도움을 주고 보상으로 돈을 얻는 경험은 누구에게나 필요하다고 생각한다. '나'라는 사람의 자아를 찾고, 내가 좋아하는 것으로 돈을 벌고, 그걸로 다른 사람에게 필요한 도움을 주며 보상을 얻는 것. 이 경험을 누구나 할 수 있다고 얘기하고 싶다.

3장

20대, 디지털 노마드 사업가로 살아가다

디지털 노마드
사업가의 하루

좋아하는 일로 꽉 채운 하루

요즈음 나의 하루는 이렇다. 나는 새벽에 일찍 일어나 고요함을 즐기는 것을 좋아해 하루를 일찍 시작하는 경우가 많다. 새벽에 일어나면 조용히 책을 읽거나, 내가 배우고 싶은 중국어를 공부한다. 영어 감을 잃지 않기 위해 외국어 뉴스와 방송을 보기도 한다. 언젠가 5개 국어를 하고 싶을 만큼 외국어 공부를 좋아한다. 일이 아닌 내 취미 생활로 새벽을 시작하는 것이다.

그렇다고 아침에 쫓기듯이 일어날 필요도 없다. 늦잠을 자고 싶으면 자도 된다. 아침 9시면 내 연락을 대신 받아주고, 실무 업무를 처리해줄 사람들이 있기 때문에 허겁지겁 하루를 시작할 필요가 없다. 힘들게 수많은 사람들 틈 사이로 출근할 필요도 없다. 잠옷을 입은 상태로 주방에서 커피 한 잔을 내린 후 옆 서재

방으로 이동하면 출근 끝이다. 그래도 나는 가급적 다른 사람들이 일을 시작하기 전 8시에는 업무를 점검해 오늘 하루 중요하게 전달할 일이 없는지 살핀다. 이 과정은 보통 20~30분 남짓 걸린다.

중요한 업무를 전달하고 난 후에는 근처로 테니스를 배우러 간다. 일주일 3~4회 정도 레슨을 하고, 레슨이 없는 날은 따로 연습을 하러 가기도 한다. 언젠가 테니스 경기를 나가고 싶을 만큼 나는 운동을 배우는 것에 적극적이다. 운동이 끝나면 힘들지만 그 상쾌한 기분과 스트레스를 날려버릴 수 있기 때문이다.

이렇게 나의 하루의 시작은 내가 좋아하는 것들로 꽉 채워져 있다. 가끔씩 나도 하기 싫거나, 힘든 업무로 밤을 지새워야 할 때도 있지만 정말 그런 경우는 어쩌다 한 번이다. 내가 좋아하는 일로 하루를 시작한다는 건 엄청난 축복이다. 자기 전에도 가볍게 잠들 수 있고, 일어날 때도 굳이 알람을 맞추지 않아도 눈이 저절로 떠지기 때문이다.

원래는 하지 않았지만 요즘엔 요리를 배우는 새로운 취미도 생겼다. 전문적으로는 아니지만 유튜브를 보며 하나씩 따라 하고 있는데, 그렇게 내가 만든 요리를 TV를 보면서 점심을 먹는다. 그리고 오후 2시 정도부터 5시까지 미팅이 있거나, 내가 집중해야 하는 업무를 3시간 안으로 빠르게 처리한다. 미팅도 모두 화상으로 진행되며, 팀원들도 온라인 메신저로 필요한 커뮤니케이션을 진행한다. 정말 필요할 경우에만 전화를 하며 서로의 개인 시간을 방해 받지 않도록 하고 있다. 2주 이상 오프라인 출근이 없을 때도 있을 만큼 나는 최대한 모든 업무와 회의를 모두 온라인으로 처리하고 있다.

이런 업무적 환경 때문에 우리는 1년에 두 번 여름방학과 겨울방학을 갖기도 한다. 여름에는 같이 일하는 친구이자 매니저 팀원과 휴양지로 자유롭게 여행을 가기도 하는데, 이건 모두 지역에 제한받지 않고 노트북 한 대만 있으면 모든 업무처리가 가능하기 때문이다. 겨울에는 의도적으로 새로운 프로젝트를 진행하지 않기 때문에 좀 더 길게 외국에 나가 있기도 한다. 코로나19가 터지기 직전에는 오로라를 보러 아이슬란드에 다녀오기도 했다.

이처럼 나는 '언젠가 좋아하는 일을 하겠지' 하는 막연한 희망을 갖고 하루하루를 억지로 버티는 게 아니라 내가 하고 싶은 일을 마음껏 하며 살아가는 쪽을 선택했다. 취미 생활뿐만 아니라 일 역시 마찬가지다.

수익 파이프라인은 자연스럽게 따라온다

나는 내가 좋아하는 일을 중심으로 또 다른 다양한 일들을 만들어 하고 있다. 하나의 일을 반복하면 질릴 수 있고, 또 성장만 고집하면 압박감이 너무 클 수도 있다. 따라서 나는 그때그때 내가 성장하고 싶은 만큼 자유자재로 일을 늘리기도 하며, 쉬고 싶을 땐 일을 부담 없이 줄인다. 오프라인으로 매달 나가야 하는 월세나, 재고를 만들어야 하는 고정 비용이 들어가지 않기 때문에 사업을 축소할 때 드는 추가적인 자금적인 부담이 존재하지 않기 때문이다. 이렇게 사업의 규모에 상관없이 자유롭게 조절할 수 있기 때문에 나는 내가 만든 사업 시스템에 통제받지 않는다. 오히려 나 자신의 정신적 상태, 신체적 여건에 사업 시스템을 맞춘다고 할 수 있다.

일의 형태도 마찬가지다. 나는 UX디자인과 개발 등 IT라는 하나의 주제로 다양하게 시장에서 활동한다. 우선 디자인 회사를 운영하면서 고정된 프로젝트가 아닌 여러 가지 다양한 프로젝트를 진행한다. 작년부터는 프로젝트를 진행하며 경험한 다양한 분야의 업종과 금액대를 정리해 나와 스타일이 가장 맞는 기업 스타일을 추렸다. 그리고 현재는 진행하는 프로젝트도 나와 우리 팀이 스트레스를 최소화해 가장 '케미'가 좋게 진행할 수 있는 고객과 일을 진행하고 있다.

이러한 경험들은 또 다른 수익 파이프라인을 자연스럽게 만들어주었다. 시간이 지날수록 더욱 탄탄해진 프리랜서와 파트너사 풀을 확보하게 되면서 때때로 다른 회사들이 필요한 인력을 요청하거나, 헤드헌팅처럼 찾아서 연결시켜주기도 한다. 우리는 실질적 프로젝트 경험이 있기 때문에 어떤 사람이 어떤 일을 잘하는지 실무적으로 파악하기가 훨씬 수월하기 때문이다.

개발, 강의, 교육으로 확장된 영역

프로젝트를 진행하면서 새로운 상품을 개발하기도 했다. 원래는 실제 프로젝트를 수행하는 견적만 산출해 진행했다. 하지만 막상 프로젝트를 진행하다 보니 산출한 견적과 다르게 실제 수행하면서 예상치 못하게 프로젝트 범위가 너무 크다거나 하는 등의 문제가 발생하는 것을 발견한 것이다.

그래서 실 디자인, 개발 견적을 산정하기 전에 실제 프로젝트를 수행하기 위한 기초 설계를 분석하는 요구분석 상품 프로세스를 만들 수 있었다. 이 상품의 경우 실제 프로젝트를 우리가 직접 수행하지 않더라도, 만들고자 하는 서비스가 기본적으로 어떤 디자인 콘셉트와 기능 구현이 필요한지 기초 설계를 하는 것이다. 실제로 건설사에서 공사를 하기 전, 실공사비가 얼마가 드는지 파악하기 위해 그 전 단계에 기초설계회사에게 작업을 의뢰하는 것처럼 말이다.

이뿐만이 아니다. 프로젝트 외에는 소프트웨어 개발을 주제로 한 다양한 기업체 강의 및 교육을 나가기도 한다. 교육 사업은 예상하지 못했지만 반응이 굉장히 좋아 추가적으로 발전시키는 분야이기도 하다. 주로 창업을 시작하려고 하는 대학생, 사내 벤처기업, 액셀러레이터 보육 스타트업 팀들에게 다양한 디자인, 개발 주제로 강의와 멘토링을 제공하고 있다. 네이버 카페 전아모를 만든 후에는 광고 수익과 플랫폼 수익도 추가적으로 발생하고 있다. 이 플랫폼을 운영하며 자연스럽게 만나고 알게된 다양한 IT 전문가와 함께 양질의 프리미엄 개발, 디자인 강의를 구성하며 IT인들에게 보다 더 좋은 정보를 제공하려 하고 있다.

이처럼 나는 하나의 큰 주제로 디지털 세상에서 다양한 표현 방법으로 나를 표현하며 살아간다. 사업 목표를 무조건 세우고 그것만을 쫓는다기보다는 가볍고 유연하게 나의 상태를 유지하며 시장의 반응을 보며 빠르게 내가 할 수 있는 일들을 하고 있는 것이다.

정년이 보장된다고 믿는 대기업 취업만이 과연 나의 삶의 안정을 가져다줄까? 현재 사회가 우러러보는 사회적 기준이 과연 10년 뒤에도 여전히 똑같을까? 눈 깜짝할 새 없이 변화하는 세상에서 우리 자신은 늘 똑같은 것을 좋아하고 흥미를 갖게 될까? 주변에 성공한 사람들과 끝없이 비교하며 도대체 어디까지 성장해야만 스스로 만족할 수 있을까? 디지털 노마드 창업을 통해 바로 이러한 질문들을 여러분 스스로에게 던져 보길 바란다.

당신은 어떤 하루를 보내고 싶은가?

치열하게 경험한 20대의 삶

스물세 살, 모든 걸 다 바쳤던 스타트업

처음 스타트업은 동업했던 친구의 옥탑방에서 시작됐다. 개발자였던 친구와 디자인 담당이었던 내가 밤새 서비스를 만들고 오후엔 캠퍼스를 발로 뛰어다니며 포스터를 만들어 홍보를 했었다. 우리의 아이템이 시장에 먹힐지 계속 검증하고, 아이디어를 수정하는 피봇(pivot, 초기 사업에서 발 빠르게 전환하는 것) 과정을 무수히 많이 반복했다. 우리가 도움받을 수 있는 정부지원사업이 어떤 것이 있는지, 우리가 활용할 수 있는 학교의 인맥 네트워크가 무엇인지, 잡을 수 있는 기회는 모조리 다 살폈다.

그렇게 조금씩 사업적인 성과를 만들면서 반듯한 사무실을 구했고, 미국 시애틀로 가서 우리의 사업 아이디어를 피칭하기도 했다. 그 과정에서 새로운 팀원들이 생기고 나가는 인간관계의 갈등도 있었고, 금전적인 압박이 심할 땐 불면증에 시달리는 날이 허다했다.

그렇게 우리는 식당을 찾아주는 앱 서비스에서, 여러 사회문제를 다루는 게임에서, 마지막으로 IT 리서치를 도와주는 자동화 프로그램을 만들었다. 그때 우리의 아이템에 공감해주는 투자자와 만나 사업성 평가가 이루어졌다.

지금 돌이켜 보면 스타트업을 하는 과정에서 겪었던 모든 일이 힘들고 험난했던 것 같다. 20대 초반, 다른 친구들은 비록 학교 수업에 열중하고, 여행도 다녔지만 나는 개인 생활, 학업은 모두 잠시 포기하고 사업 아이템을 만들고 검증하는 일에만 올인해야 했다.

스물넷, 인생의 방향을 찾고 싶어 시작하게 된 프리랜서

내가 창업한 회사에 끝까지 남아 있지 못하고 학교로 돌아와 학업을 시작하기로 마음먹었을 땐, 혼란 그 자체였다. 전부를 다 바쳐 일한 경험 외에는 다른 방향을 고민해본 적 없었던 나는 학교에 소속된 사람처럼 느껴지지 않았다. 창업과 소송, 두 개의 큰일을 한 번에 겪으면서 또다시 무언가에 올인할 자신이나 에너지가 없었고, 학업이 그 출구가 되어주지도 못했다.

그때의 나는 다시 앞만 보고 달리며 열중하는 것보다 지난 경험을 돌아보며 인생의 방향에 대해서 고민할 시간이 필요했던 것 같다. 그렇다고 아무것도 하지 않고 공부만 할 수는 없었다. 스무 살 이후엔 부모님에게 의지하지 않고 경제적으로 독립해야 한다는 생각이 강했기 때문에 어떻게 돈을 벌어야 할지 치열하게 고민해야 했다.

창업하기 전에는 과외를 하며 용돈을 벌었지만, 스타트업을 경험하고 난 이후 오히려 단가가 높은 디자인 외주를 해보자는 생각이 들었고 그 결과는 다행히 성공적이었다. 나는 내가 할 수 있는 일을 시작하면서 점차 활력도 되찾을 수 있었고, 자유롭게 일을 조절하며 동시에 충분히 학업도 병행할 수 있었다. 스타트업을 하면서 다양한 디자인을 한 경험을 활용할 수 있었고, 또 누구보다 그들의 고충을 잘 이해했기에 프리랜서로서 작업 만족도는 시간이 지나면서 자연스럽게 점점 높아졌다.

그렇게 일이 많아지는 건 순식간이었다. 작업을 하기 위해 월 8만 원짜리 반지하의 작은 코워킹 스페이스를 구했다. 새벽 3~4시까지 밤새가며 모든 업무 전화, 계약서, 디자인 작업을 혼자 진행했다. 스타트업을 했을 때는 팀 안에서 업무를 분배해 전투적으로 일했다면 프리랜서는 마치 전쟁터에 혼자 나와 모든 역할을 소화해내야 하는 느낌이었다. 그렇게 낮에는 학교 수업을 듣고 수업이 끝나면 바로 사무실로 돌아와 일을 하는 시간이 반복됐다.

스타트업은 팀을 만들어 구성원의 역량을 끌어올려야 하고, 아이템으로 타당성을 평가받는다. 그렇기 때문에 사업은 점점 더 커지더라도 과연 디자이너로서의 개인 역량은 발전하고 있는가에 대해서는 자신이 없었다. 디자이너로서 역량을 키우는 것과 사업가의 역량은 엄연히 너무 다르기 때문이다. 따라서 프리랜서로 전환했을 때가 온전히 내 개인의 역량을 키울 수 있는 기회라고 생각했고, 크고 작은 프로젝트 모두 최선을 다할 수 있었다. 학교에서 배운 UX 지식과 방법론뿐만 아니라 클라이언트를 만나며 실제 프로젝트를 경험하며 나만의 전문적 UX 역량을 쌓아가는 과정은 사업을 키우는 것과 마찬가지로 굉장히 뿌듯했다.

스물다섯, 모든 걸 혼자 할 수 없어 시작한 1인 기업

프리랜서로 1,000만 원을 벌기도 했지만 어느 순간 이대로 지속할 수는 없을 것 같다는 생각이 머리를 스쳤다. 내 체력의 한계는 분명히 존재하는데 일하지 않으면 돈을 벌 수 없는 구조라는 것을 느꼈기 때문이기도 하다. 물론 프리랜서로 성공하는 것도 쉽지 않지만, 성공한 프리랜서가 되는 것이 내 최종 목표가 아니었기에 다시금 내 마음속에는 사업가로서의 꿈이 꿈틀거리는 것만 같았다.

그렇게 나는 수행하는 프로젝트의 단위를 점점 키우면서 동시에 나의 디자인을 도와줄 수 있는 디자이너를 찾아야 한다고 생각했다. 사업으로서의 시스템은 구축하고 싶지만 사람 스트레스는 겪고 싶지 않았기에 모르는 사람이 아닌 내가 아는 지인과 함께 일하고 싶었다.

다행히 그때 유치원 때부터 친구이자 멀티미디어학과를 공부한 친구가 기존에 다니던 회사에서 나와 할 일을 찾고 있었다. 처음엔 작은 프로젝트의 로고 디자인, 배너 디자인 일부를 친구가 도와주며 우리가 서로 일할 수 있을지 충분히 고민하고 맞춰가는 시간을 가졌다. 다행히 친구와 나는 합이 잘 맞았고 내가 배웠던 디자인 지식을 하나둘 씩 친구에게 알려주며 친구의 디자인 역량도 시간이 지날수록 점점 성장했다. 스타트업 때 목표로 삼았던 시장 규모와 매출은 아니더라도, 내 개인 역량을 최대치로 올리고 그 역량만큼 다른 사람에게 일을 위임하며 매출을 유지할 수 있는 구조가 유지됐다.

일을 하며 자연스럽게 알게 된 디자이너와 개발자들이 많아지면서 일의 분배는 시간이 지날수록 순조롭게 이어질 수 있었다. 이런 1인 기업 시스템을 유지하면서 많지는 않더라도 내 일을 덜어줄 수 있는 소수의 직원과 프로젝트의 상황에 따라 참여할 수 있는 프리랜서 분들이 생겼다. 덕분에 나는 좀 더 여유가 생겼고 마침내 학업도 마무리할 수 있었다.

아직 창업의 방식이 그려지지 않는다면?

지금까지 프리랜서, 1인 기업, 스타트업에 대한 각각의 특징을 나의 경험과 연결시켜 좀 더 자세하게 설명해 보았다. 이 글을 읽으면서 어떤 사람은 본인이 추구하고 하고 싶은 사업의 형태를 발견했는지도 모르겠다. 만약 그런 사람이 있다면 자신의 선택을 믿고 빠르게 실행하면 된다.

대학에서 배운 사고체계, 실전에서 써먹다

대학교는 나를 전문가로 만들어 주지 않는다. 전공과목을 이수한다고 하더라도 마찬가지다. 디자인을 전공하는 것과 전문성을 갖춘 디자이너가 되는 것은 별개다. 디자인뿐만 아니라 경제학, 정치외교학, 컴퓨터공학 등 다른 전공도 마찬가지다. 그렇다면 대학은 어떤 곳인가? 내가 생각했을 때, 대학은 교양을 배우는 곳이다. 그렇다면 우리는 전문성도 길러줄 수 없는 대학을 다녀야 하는 것일까?

사람마다 상황과 가치관이 모두 다르겠지만 나는 대학교에 온 걸 후회하지 않는다. 일단 시작한 건 끝내고 싶은 욕심도 있고, 무엇보다 대학교에서만 배울 수 있는 게 있다고 생각해서다. 여러분은 만약 대학교에 가고 싶다면 왜 가고 싶은가? 또는 학교에 다니고 있다면 무엇을 배우고 있다고 생각하는가?

나는 대학교에서 '사고하는 힘'을 배웠다. 비록 대학이 전문성은 길러줄 수 없지만 사고하는 방법은 확실하게 배울 수 있다고 생각했다. 사고하는 힘은 눈에 보이는 A+와 같은 성적과는 다르다. 논리력, 분석력, 상상력 등 생각하는 힘이 단단한 사람들은 창조적으로 문제를 해결할 수 있다. 그런 문제해결력은 창업가가 갖춰야 할 가장 중요한 자질 중 하나다.

사고체계를 읽어낼 수 있는 힘을 기르자

나는 대학교를 다니면서 내가 어떻게 사고하는 사람인지 끊임없이 찾으려 노력했다. 디자인 전공을 선택한 후에는 디자이너로써 생각하는 방법을 배우려 애썼다. 시험문제의 정답을 맞추는 것도 중요하지만, 교수님이 하시는 말씀을 잘 캐치하다 보면 디자이너가 어떻게 사고하는지를 읽어낼 수 있다. 타이포그라피(Typography) 교수님이 말씀하시는 글자 하나하나가 가진 힘, 사진 교수님이 보시는 예술적인 사진에 담긴 의미, UX 교수님이 바라보시는 불편한 사용자 경험의 기준 등 이미 많은 경험과 지식으로 축적된 전문성을 바탕으로 말씀해주시는 포인트 하나하나는 디자이너로서 문제를 해결하는 데 있어 아주 큰 힌트가 된다.

대학교가 사고할 수 있는 힘을 길어줄 수 있는 하나의 장이 되어줄 수 있는 건, 각 분야마다 다른 사고방식을 가장 압축적이고 빨리 배울 수 있기 때문이다. 대학은 무수히 많은 학문들의 집합

체다. 경영학도가 생각하는 사고체계와 컴퓨터 공학도가 생각하는 사고체계는 아주 다르다. 이렇게 무수히 다양한 사람들이 어떻게 생각하는지 그들이 생각의 시스템을 읽어내는 연습을 하는 것이 아주 중요하다. 나의 경우에는, 이수해야 할 정해진 커리큘럼과 상관없이 일부러 여러 전공의 수업을 듣기도 했는데, 각 전공마다 세상을 바라보는 기준과 이해하는 방식이 얼마나 다른지 알 수 있었다.

창업은 실전이고, 세상은 학교처럼 만만한 곳이 아니다. 그곳에는 자신이 세운 기준과 가치관으로 세상을 살아가는 사람들이 무수히 많이 존재한다. 대학에서는 그나마 학과를 기준으로 분류를 할 수 있었다 하더라도, 세상에는 분류를 할 수 없을 정도로 각양각색의 사고를 하는 사람들이 널려있다. 혼자 할 수 있는 일이 거의 없다고 한다면, 창업의 성공은 결국 다른 사람들과 얼만큼 협업할 수 있는지에 달려있다. 내가 그들의 복잡한 사고체계를 읽어낼 수 있는지, 그리고 그 안에서 서로의 공통 목표를 찾아 협력을 이끌어낼 수 있는지가 너무나 중요한 것이다.

멀리 세상의 다양한 사람들이 아니라 아주 가까이에서 내가 진행하는 프로젝트만 봐도 알 수 있다. 기획자, 디자이너, 개발자, 고객사 등 서로 다른 이해관계를 가진 무수히 많은 사람이 하나의 완성된 프로젝트를 만들어야 한다. 디자이너는 디자이너가 중요하게 생각하는 포인트가 있고, 개발자는 실제 개발이 원활히 이루어질 수 있도록 체크하는 요소들이 있으며, 고객사는 고객사의 입장이 있다. 이렇게 모두 중요하게 생각하는 서로 다른 가운데 일관된 목표를 이루는 것은 굉장히 어렵다. 수많은 조율과 타협, 그리고 설득의 과정을 거쳐야지만 비로소 프로젝트가 완성이 된다.

그런 의미에서 대학은, 각기 다른 사람들의 사고체계를 아주 빠르게 습득할 수 있는 훌륭한 연습의 장이다. 이미 대학은 단과대학별로 알맞게 시스템을 잘 나눴고, 우리는 각 수업에서 저명한 분들의 강의를 마음껏 들을 수 있다. 경제학도가 x축, y축의 그래프로 세상을 어떻게 바라보는지, 디자이너가 점, 선의 배치와 색상으로 어떻게 사람들과 소통하는지 등 몇 개의 강의로도 충분히 우리는 그들의 사고체계를 읽어낼 수많은 기회들이 펼쳐져 있다.

나는 어떻게 사고하는 사람인가

사고체계의 의미를 알게 되면 직업의 정의도 달라질 수 있다. 일반적으로는 '무엇을 하는 사람'으로 생각할 수 있지만, 사고체계를 대입하게 되면 직업의 정의는 이렇게 표현할 수도 있다. '한 가지 문제를 줬을 때 그걸 어떻게 해결하는 사람인가?'

예를 들어 한 가게가 잘 되지 않아서 어려움을 겪고 있다고 해보자. 만약 경영학적으로 사고하는 사람이라면 재무제표, 손익분기점, SWOT 분석 등 경영적 사고를 기반으로 가게를 분석할 것이다. UX 디자이너라면 어떨까? 소비자가 들어오는 순간부터 나가는 순간까지 사용자의 행동을 분석하고 개선이 필요한 부분을 포착해 낼 것이다. 어떤 관점으로 현상을 바라보는지, 또는 더 넓게 어떤 세계관을 가지고 있는지 들여다보게 되면 그 사람을 가장 많이 지배하고 있는 사고체계를 알 수 있다. 그리고 이는 단순히 직업의 타이틀보다 많은 걸 설명해 준다.

디지털 노마드 창업은 시 공간의 제약이 없기 때문에 훨씬 더 다양한 사람들을 만날 수 있다. 그리고 그들과의 최선의 협력을 이끌어내기 위해 사고체계를 읽어내는 힘이 아주 중요하다. 하지만 그와 동시에 내가 과연 어떻게 사고하는 사람인지 끊임없이 질문하며 찾아가는 과정도 필요하다. 창업은 결국 크게 보면 어떠한 문제를 해결하는 것이다. 그리고 그 문제 해결 과정에서 갖춰야 할 것은 바로 나의 탄탄한 사고체계이다.

문제가 발생했다, 어떻게 해결할 것인가

아까 말했던 가게 예시를 다시 생각해보자. 질문을 조금 더 자세히 분석하기 위해 두 부분으로 나누었다.

A: 한 가게가 잘 되지 않는다고 했을 때

B: 나는 어떻게 해결할 것인가?

이 질문을 여러분에게 던졌을 때 과연 스스로는 어떻게 대답할 수 있을지 고민해봐야 한다. 아마도 우리 대부분은 B 부분에 대해서는 떠오르는 답변이 오히려 많을 수도 있다. 경영학적으로 사고하는 사람이라면 앞에서 말한 여러 가지 경영 분석 방법이 여기에 해당한다. 우리가 대학이나 사회에서 배우는 것도 B에 적용할 수 있는 많은 방법론들이다.

하지만 문제는 A에 있다. 실전에서 문제는 절대 예측가능하지 않다. 그리고 우리는 갑작스러운 문제를 늘 마주한다. 사업을 하다가도, 회사 프로젝트를 진행하다가도 말이다. 아이러니한 건 이러한 문제는 미리 알 수도 없는데 내 실력이나 성과를 평가할 때 가장 큰 영향을 미친다. 즉, 이런 예기치 못한 상황들 속에서 우리는 가장 창의적으로 실력발휘를 해야 하는 것이다. 하지만 기존 방법론들에만 집착하게 되면 자꾸 정해진 답변만 찾아 헤매다가 결국 상황을 더욱 어렵게 만들어 버릴 수 있다.

나만의 사고체계, 나만의 해결책

창업을 할 때 부딪히는 대부분의 문제들은 정답이 없다. 나의 경우에도 수많은 프로젝트를 진행하며 마주한 문제들은 전혀 예상할 수 없는 부분들이 많았다. 여러 가지 새로운 분야를 도전할 때에도 발생할 수 있는 모든 위험 요소들을 미리 대비하고 시작하는 경우는 없다. 결국 창업가로서 전문성을 발휘해야 하는 부분은 특정한 이론을 꿰뚫고 있는 것이 아니라 이런 위기상황에서 나만의 해결책들을 만들어 나가는 것이다. 내가 디자이너로서 어떻게 사고하는지, 내가 사람들을 다루는 기준은 무엇인지 등 나만의 사고체계가 확고해야 한다.

정답이 없는 문제에 답변을 찾을 수 있는 가장 확실한 방법은 이러한 사고체계를 도입하는 것이다. '나는 어떻게 생각하고 어떻게 문제를 해결하는 사람인가?'라는 식의 질문에 대해서 본인만의 답변과 사고체계가 뚜렷하게 잡혀 있는지 점검해보자. 많은 방법론을 알고 있는 사람만이 전문가가 아니다. 모든 상황과 주어진 문제들을 나만의 창의적인 해결책을 찾아내는 계기로 만드는 것이 결국 길러야 할 가장 핵심적인 전문성이다.

내가 UX를 공부한 방법

방법은 따라 가는 게 아니라 내가 만드는 것이다

많은 사람이 내가 현재 디자인 관련 일을 하고 있기 때문에 어렸을 때부터 미술이나 디자인 공부를 꾸준히 했는지 여쭤보는 경우가 많다. 하지만 내가 디자인을 처음 접한 건 대학교에 입학해 처음 학교 커리큘럼을 보면서부터였다. 그때는 디자인이 뭔지 전혀 알지 못했다. 내가 전공한 학과는 이제 막 생겨난 신생학과였다. 내가 입학했던 2013년도 당시 그때만 해도 UI/UX를 알고 입학하는 친구들은 별로 없었다. 들어온 우리 모두에게는 뚜렷하게 볼 수 있는 선배들의 경험담도, 취업이나 진로 계획도 없었다. 모두 앞으로 우리가 만들어 나가야 하는 것들이었다.

그럼에도 불구하고 나는 안정적인 길이 아니라 모험을 선택하기로 했다. 그 이유는 다른 세계에서는 언제나 잘하려고 '애써야' 하지만 UX라는 공부만큼은 자연스럽고 즐겁게 해볼 수 있을 것 같았기 때문이었다. UX에 대해 너무 많이 알았다면, 시작하지 못했을 수 있다. 하지만 오히려 정답이 없다고 생각했기 때문에 내가 정답을 만들어나갈 수 있다고 생각했다. 이 세계에서만큼은 보상도, 주변 사람의 시선도, 사회적 평판도 동기가 되지 않았다. 그 자체가 이유이자 목적이었다.

"UX 공부를 어떻게 했어요?"라고 질문한다면 어쩌면 이런 답변을 기대할지도 모르겠다. "어떤 학원에서 어떤 강의를 들었어요", "어떤 대학원에 진학해 전공 공부를 더 심도 있게 했어요", "어떤 책을 읽었어요." 하지만 이건 모두 부수적인 답변이다. 디지털 노마드 창업이나, 여러분의 인생에서 일부라도 경제적인 독립을 꿈꾸고 있다면 다른 사람의 방법론은 참고 정도만 하면 된다는 걸 명심하라. 꼭 UX 공부가 아니더라도 마찬가지다. 우리 대부분은 다른 사람의 방법을 따라하느라 시간을 너무 많이 낭비한다. 이 세상에 꼭 정해진 길과 방법만 있는 것은 아니다. 내 길은 내가 만들어내야 한다. 지금부터라도 나만의 이야기가 담긴 방법론을 만들어보자.

나는 매일 반복할 수 있는가

나는 UX를 공부하는 데 있어 3가지 원칙을 정했다.

• 관찰할 것
• 메모할 것
• 반복할 것

위의 3가지는 내가 창의적으로 문제를 해결하기 위해 정한 기본 원칙들이다. 한 가지 예를 들자면, 클라이언트 프로젝트와 상관없이 '100시간 법칙'을 적용해서 하나의 대상을 관찰한다. 일상 속에서 습관적으로 자주 이용하는 대상이어도 좋다. 나는 실제 미팅이나 약속장소로 자주 이용하는 스타벅스나 할리스와 같은 커피숍을 방문하면서 그 둘의 고객 경험을 비교했다. 100시간 동안 관찰하는 것은, 단순히 1시간 또는 10시간을 관찰하는 것과 또 다른 사용자 경험 인사이트를 준다.

관심 있게 오래 관찰하는 것만큼 UX를 분석하는 데 있어 훌륭한 방법은 없다. 눈으로만 관찰한 것을 놓치지 않기 위해 그 자리에서 늘 메모하며, 의문점에 대해서는 바로 어떻게 해결할 수 있을지 적는다. 그리고 이 과정을 무수히 많이 반복하며 피드백한다.

유저 페르소나 분석(User Persona)이나 유저 시나리오(User Scenario) 등 물론 이미 정해진 UX 방법론들은 많다. 분명 이러한 원칙들은 UX를 분석하는 데 도움은 될 수 있지만 언제까지 수단에 불과하다고 생각했다. 정해진 방법을 잘 수행하는 것도 중요한 역량이다. 하지만 내가 UX 디자이너로서 궁극적으로 성장해야 하는 방향은 나만의 스타일로 문제를 해결하는 것이 되어야 한다. 따라서 나는 기존의 방법론을 적절히 사용하기도 하지만, 끊임없이 나만의 해석과 해결책을 만들어내려고 하고 있다.

이슈에 속지 말고 성장의 기회를 붙잡아라

나는 UX를 활용해 나만의 방법론을 만들고, 필요한 이들에게 디자인, 컨설팅을 제공하며 돈을 벌었다. 나에겐 UX가 하나의 도구가 되어 준 셈이었다. 처음 시작은 간단한 앱 디자인부터였지만 점차 범위가 넓어져 관련된 다양한 일을 하게 되었다. 서비스를 처음 시작하는 스타트업 팀의 서비스 기획, 디자인을 도와주기도 하며, 사용자 친화적인 제품 디자인을 만들어낸다. 최근에는 스타트업을 준비하는 대학생 창업팀을 멘토링하며 때로는 창업 대회의 심사위원으로 참가해 서비스의 사용성에 대해서 평가하고 사내벤처 팀들의 UX 프로토타이핑 강의를 하기도 한다.

UX에 대해서 완벽하게 모든 것을 알고 일을 시작한 게 아니었다. 내가 본격적으로 일을 시작했을 때도 아직 이수해야 할 대학 전공이 많이 남아있었다. 내가 한 것이라곤 그저 감당할 수 있을 만큼의 일을 하며 그 안에서 성장의 기회를 발견해 조금씩 일의 범위와 넓혀가고 깊이를 만든 것이다.

'요즘 어디에서 열리는 UX 강좌가 난리더라', '다음 UX 트렌드는 무엇이더라', '이번에 어도비에서 나온 새로운 디자인 툴이 그렇게 좋다더라' 등 이런 식의 그럴듯한 사회적인 이슈들만이 꼭 여러분에게 성장의 기회를 가져다주는 것은 아니다. 그런 답변들에 너무 의존하거나 큰 기대를 하지 않아도 된다. 어쩌면 대부분은 보이지 않는 이익을 위해 만들어진 거대한 마케팅에 불과할 수도 있기 때문이다. 성장의 기회를 만들어내는 방법은 오히려 간단하다. 바로 매일 매일 반복하는 것이다.

탁월함의 경지에 오르는 반복의 힘

내가 본격적으로 일을 시작한 건 스물네 살 때였지만 생각해보면 스무 살 때부터 모든 것을 UX적으로 분석해 메모하는 습관을 들였다. 그때는 그게 UX인지도 잘 몰랐다. 하지만 어느 순간 내가 이런 식의 생각을 자주 한다는 것을 느끼고 그때부터 예리하게 관찰하고 그때마다의 느낀 점을 늘 기록했다. 뉴욕에서 봤던 카페베네뿐만이 아니었다. 어느 가게를 가도, 어떤 서비스를 이용해도, 나는 항상 그런 생각뿐이었다.

한번은 여행을 가면서도 공항의 UX를 분석하기도 했다. 공항 환승체계가 잘 안 잡혀 있던 A 공항에서 길을 잃어버리면서 그 원인이 무엇인지 파악하기 위해 다시 오던 길을 돌아갔다. 알고 보니 바닥과 표지판에 서로 다른 화살표 방향 때문이었는데, 여기서 어떻게 하면 해결할 수 있을지 기억할 수 있는 사진과 메모를 남겨 놓았다. 사소한 메모들이었지만, 지금은 그러한 메모들이 무수히 쌓여 필요할 때마다 나만의 해결책을 만들어 준다.

나보다 경험과 경력이 더 화려한 UX 전문가들은 많다. 하지만 내가 성장하고자 하는 그들과의 비교가 아니라 어제의 나보다 더 발전한 오늘의 내 자신이다. 일이 잘 안 풀리는 날도, 하기 싫은 날도 당연히 있다. 하지만 UX 공부 자체가, 일 자체가 내 스스로 느껴질 만큼 자연스럽다. 그래서 매일 반복하게 된다. 이런 선순환 구조를 만들었기 때문에 하루하루 쌓인 그 반복의 행위로 더 발전한 오늘의 나를 마주할 수 있다.

아리스토텔레스는 이렇게 말했다. "당신의 진정한 모습은 당신이 반복적으로 행하는 행위의 축적물이다. 탁월함은 하나의 사건이 아니라 습성이다."

세계적인 가수나, 유명한 운동선수처럼 깨어있는 시간의 대부분을 그 능력을 개발하는 데 쓰라는 것이 아니다. 내 삶을 송두리째 포기하지 않아도 된다. 인생의 일부라도, 작은 습관 하나라도 이런 도구 하나쯤 개발하는 것 자체가 중요하다. 언젠가 누적된 반복이 어느새 당신을 탁월함의 경지에 올려놓아 줄지도 모른다는 것을 기억하자.

프리랜서에서 회사 대표가 되기까지

첫 작업의 시작은 분석 리포트 만들기

24세, 첫 디자인 작업 의뢰가 들어왔다. 곧 있을 정부지원 사업 발표 때 필요한 서비스의 앱 디자인 작업 문의였다. 메신저로 먼저 간단히 얘기했고 날짜를 잡아 커피숍에서 만나 자세한 이야기를 들었다.

"제가 만들려는 서비스는 동네 스포츠 센터들을 연결시켜주려고 하는 것인데요. 사용자들은 예약을 편리하게 할 수 있게 이런 식으로 기능을 넣고 싶어요. 그런데 제가 이걸 도대체 앱으로 어떻게 표현해야 할지 모르겠네요."

클라이언트는 디자인이 필요했지만 서비스 전반에 대해서 고민이 많아 보였다. 나는 잠시 기다렸다가 조심스럽게 말을 이어나갔다. "지금은 당장 발표가 있어 보여주기 식으로 빠르게 디자인을 만들 수도 있지만, 떼우기 식으로 만들게 되면 어차피 다음에 제대로 만들 때 돈이 두 배로 더 들 거예요. 디자인은 금방 할 수 있으니, 기능 정리를 제대로 먼저 하시는 게 좋을 것 같아요. 제가 도와드릴게요." 그렇게 내가 느끼는 앱의 개선점, 사용자 타깃, 디자인 분위기 등을 간단하게 설명한 뒤 미팅을 마쳤다.

미팅에서 돌아온 후 나는 디자인이 아니라 분석 리포트를 만들었다. 기획하고 있는 서비스의 경쟁사 앱들은 어떠한지, 그 앱의 UX/UI 장단점은 무엇인지, 궁극적으로 갖춰야 할 디자인 목표와 UX 경험은 무엇인지 등 서비스 분석을 토대로 디자인의 기준과 목표를 정리했다.

그 이후로는 일사천리로 일이 진행되었다. 서로 공감하고 확인할 수 있는 기준점이 있기 때문에 디자인 방향이 왔다 갔다 하는 일도 없었다. 예쁘게 그래픽디자인(Graphic User Interface Design)까지 입히고 난 후 멋있게 발표도 마무리지을 수 있었다. 클라이언트는 정성어린 조언과 꼼꼼한 분석에 크게 감동해 감사하다는 표현을 몇 번이나 해주셨다. 작업을 다 마무리한 후 좋은 후기를 길게 남겨주신 것은 물론, 주변에 디자인 도움이 필요한 분들에게 항상 나를 소개시켜주셨다.

이것이 나의 시작이었다. 좋은 후기를 보고 다른 사람들의 작업 문의가 이어졌고, 요청하는 의뢰 범위도 더 커지기 시작했다. 처음 분석 리포트를 작성한 것도 여러 가지 사례와 경험이 더해져 갈수록 고도화되어져 갔고, 그에 따라 더 어렵고, 전문적인 프로젝트를 진행하는 위치까지 오게 되었다. 그러다 보니 어느덧 혼자의 힘으로는 할 수 없는 상황에 이르러 직원과 파트너사, 다양한 프리랜서 분들과 함께 하는 회사의 대표가 되어 있었다.

'창업 통장' 만드셨나요?

나의 첫 작업 의뢰 얘기에는 사실 아픈 경험이 숨어있다. 인턴 생활을 하다가 만난 친구와 1년 동안 같이 했던 첫 창업에서 결국 뜻이 맞지 않아 회사를 나온 시기에 있었던 일이었다. 서류상에 누가 대표로 되어있느냐는 사실 중요하지 않았다. 1년동안 미운 정 고운 정 생기며 같이 키웠던 아기를 버리고 나온 것 같은 참혹한 심정이었다. 마지막까지 잘 정리가 되지 않아 결국 그 회사에 소송을 걸고, 아직 주변 사람들과 일도 정리가 되지 않아 매일 스트레스와 악몽에 시달려야 했던 나날들이었다.

더 이상 그러고만 있을 수 없어 디자인이라도 하면서 아픈 기억을 잊으려고 시작했던 일이었다. 디자인 회사로 키울 생각도, 대단한 사업 계획이 있었던 것도 아니었다. 그저 뭐라도 하지 않으면 그 아픔에서 빠져나올 수 없을 것 같아 시작한 일이 이렇게 커져버린 것이다.

그런데 돌이켜 보니 어쩌면 이 방향이 더 맞는 것 같았다. 어느 날 갑자기 '유레카' 하는 창업 아이디어를 발견할 수 있는 확률이 얼마나 될까. 발견하게 되더라도 막대한 자본금이나 투자금을 받아 아이디어를 실현하기란 쉽지 않은 일이다.

그런 기회가 만약 생긴다면 잡으면 된다. 하지만 없더라도 상관 없다. 마치 혹시 모를 일에 대비해 저축을 하는 것처럼 창업에도 예비책을 마련해놓을 수 있는 통장이 있다고 생각하면 된다. 복권을 사서 로또가 당첨되면 너무 좋겠지만 그렇게 될 확률은 너무 적지 않나. 창업도 마찬가지다. 일확천금을 얻는 것도 중요하지만 혹시 모를 창업 적금 하나 정도는 필요하다.

디자인 일이 점점 더 많아졌기 때문에 이 일을 자연스럽게 키워보려고 했던 것만은 아니다. 오히려 어쩌면 한 번 창업 사이클을 경험해봤기 때문에 다시 도전한다면 더 쉽게 해낼 수도 있었다고 생각한다. 지원사업부터 팀 빌딩, 아이디어 피칭, 투자까지 첫 창업 경험을 살려 두 번째는 오히려 더 수월했을 수도 있다. 그러나 내가 굳이 그 길을 다시 가지 않기로 한 건 '스스로의 힘'을 기르고 싶었기 때문이었다.

오히려 해봤기 때문에 환상이 없었다. 투자금도 결국엔 남의 돈이고 지원사업도 공짜가 아니라는 것을 알았다. 그러나 내가 처음부터 나의 힘으로 버는 돈은 적더라도 모두 나의 것이었다. 엄청난 투자금으로 하루아침에 연예인을 섭외해서 내 서비스를 TV광고에 내보낼 수 있는 돈은 아니지만, 그래도 적어도 필요한 만큼 재투자하며 내가 하는 일을 조금씩 키워낼 수 있었다.

나에겐 프리랜서부터 시작해 키워낸 이 일이 바로 창업통장에 넣어둔 적금과도 같다. 대단한 창업 아이템도 아니고, 투자금을 받은 것도 아니지만 온전히 내가 매일 매일 조금씩 수고하며 만든 노력의 결과물이다. 유니콘 기업처럼 엄청난 폭발적인 성장을 하긴 어려울 수 있다. 하지만 이자가 붙는 것처럼 반복되는 노력으로 하루하루 그에 못지않게 놀라운 결과물들을 얻는다. 지금 하고 있는 이 일이 결코 사업에 있어서 궁극적인 목표는 아니다. 그러나 내가 앞으로 어떤 일을 하더라도, 그 여정에 어떤 어려움이 생기더라도 나에겐 탄탄한 안전망이 되어줄 것이다.

'창업 적금' 드는 방법

디자인 사업을 하면서도 나는 틈틈이 학교를 다니고 다른 회사에서 잠깐 인턴을 하기도 했다. 모두 일을 하면서도 가능했다. 처음에는 모든 일을 내가 혼자 해야 했기 때문에 힘들었지만 어느 정도 시스템을 만들고 나서부터는 나는 관리만 하면 됐다.

비록 모두 사람의 손을 거치는 일이기 때문에 플랫폼 사업처럼 아무 일을 하지 않고도 광고 수익으로만 먹고 살 수 있을 정도의 자동화시스템은 아니었다. 하지만 시간이 지날수록 프로젝트는 점점 더 커지면서도 나의 자유시간은 늘어났다. 내가 디자인 회사를 많은 직원이나 사무실 없이 몸집을 가볍게 운영하는 것도 바로 여기에 있다. 비록 유니콘과 같은 '폭발적인 성장'은 아니지만, 꾸준히 만들어 놓은 창업 적금은 내게 '자유'를 준다.

창업 적금을 만들 수 있는 아래 질문들에 대답을 하며 구체적으로 적금 계획을 세워보자.

- 내가 좋아하거나 잘하는 일은 무엇인가?
- 내가 매일 조금씩 꾸준히 할 수 있는 일은 무엇인가?
- 다른 사람들에게 가치를 제공할 수 있는 일은 무엇인가?
- 하루에 고정적으로 창업적금을 만들어 나갈 수 있는 시간은 언제인가?
- 내 아이템을 홍보비용 없이 무료로 온라인에 소개할 수 있는 플랫폼은 무엇인가?
- 내 아이템 / 서비스를 사람들에게 어떻게 소개하고 설명할 수 있는가?
- 고객들이 나의 아이템 / 서비스를 다시 찾도록 하기 위해서는 어떤 차별화된 포인트가 필요한가?
- 가격 측정의 기준은 어떻게 세울 것인가?
- 만약 일이 커진다면 어떻게 일을 분배할 수 있는가?
- 시간이 지나 적금을 깨는 기준을 어떻게 세울 것인가?

'폭발적인 성장'보다 '자유'가 더 중요한 이유

사업이 조금씩 커져가는 것을 느꼈을 때, 이제는 방향성을 확실히 결정해야 했다. 일반적인 디자인 회사가 성장하는 방향은 수주 금액이 큰 대기업 프로젝트를 받는 것이었다. 하지만 나는 회사를 전형적인 방식으로 키우고 싶지 않았다. 그렇다고 다시 투자를 받아 디자인 사업으로 당장 폭발적인 성장을 만들고 싶은 욕심도 없었다. 20대 중반 나에게 중요한 건 유명해지는 것도, 돈을 많이 버는 것도 아니라는 생각이 들었다. 지금 나에게 가장 중요한 우선순위는 나의 무한한 잠재력을 마음껏 발휘할 수 있도록 삶의 방향을 잘 결정하는 일이라는 생각이 들었다.

아직 발전가능성에 제한을 두기에는 나는 아직 너무 어리다. 내가 창업을 하며 학교를 다닌 것도, 지금 사업과는 전혀 관계없는 제2외국어를 배우며 자기계발을 계속하는 것도 이러한 이유에 있다. 지금 당장 '여러 명의 직원과 대기업 프로젝트를 진행하는 일반적인 디자인 회사를 만들어보자!' 하는 목표도 충분히 대단할 수 있다. 하지만 나는 오히려 나의 성장 가능성이 딱 거기까지로 발목 잡힐 수도 있다고 생각한다. 다음 달 월급을 챙겨줘야 할 너무 많은 직원들과 당장 책임져야 할 큰 프로젝트가 오히려 더 큰 꿈을 꾸지 못하는 장애물이 될 수도 있기 때문이다.

그렇기 때문에 나는 '폭발적인 성장'보다 '자유'를 선택한다. 사업은 가볍게 유지하면서 삶을 더 풍요롭게 쌓아가고, 그 자유로움 안에서 나의 사고와 그릇의 크기를 넓히며 조금씩 나의 꿈의 크기를 키워나가고 싶다. 삶을 바라보는 시각을 충분히 넓히고 방향성을 정했을 때, 더 큰 폭발적인 성장은 자연스럽게 찾아오기 때문이다.

스물다섯 살 사장, UX디자인 회사를 운영하다

회사를 창업해 지금까지 200여 개가 넘는 프로젝트를 진행했다. 주로 다양한 분야의 스타트업, 중소기업과 새로운 서비스들을 만들어 나가는 일을 하며, 때때로 일본이나 싱가포르 등 외국 회사와 협력해 글로벌 프로젝트를 진행하기도 한다.

프로젝트를 세부적으로 나누면 서비스 기획, 사용자 분석, 사용자 경험 및 인터페이스 디자인, 그리고 브랜딩까지 포함할 수 있다. 최근에는 사업의 범위가 좀 더 넓어져 웹 서비스뿐만 아니라 영상, 제품 디자인, AR/VR, 그리고 블록체인 개발까지 진행하고 있다.

보이지 않는 디자인, your X 디자인

프리랜서로 일을 시작해 여기까지 오는 데 있어 내가 가장 중요하게 생각한 건 바로 '보이지 않는 부분까지 디자인한다'라는 마인드였다. 대부분 디자인 회사를 보면 말 그대로 '디자인' 회사지 '사용자 경험'을 디자인한다고 생각되지는 않았다. 앱이나 웹으로 표현된 예쁜 시각 디자인은 빙산의 일각일 수 있다. 중요한 건 그 디자인을 뒷받침할 수 있는 '사용자 경험'이다.

프로젝트를 진행하다 보면 수많은 이해관계가 존재한다. 회사의 대표, 서비스 기획자, 각자의 역할을 맡은 디자이너와 개발자 등 이 모든 사람들의 의견이 항상 같기만 할 수는 없다. 어쩌면 내가 하는 일은 마치 변호사처럼 수많은 이해관계 속에서 사용자의 입장을 지켜주는 것과 같다. 기획부터 사용자가 사용하는 순간까지 철저하게 사용자 경험을 디자인하는 서비스를 제공하는 것을 핵심으로 생각하며 프로젝트들을 수행했다.

UX를 정의할 수 있는 다양한 개념과 설명이 있겠지만 나는 UX디자인을 'your X 디자인'이라고 표현한다. 클라이언트는 우리 회사를 자신의 서비스를 항상 뒤에서 생각해주는 든든한 지원군으로 생각할 수 있고 우리들은 그들의 서비스가 빛을 발휘하는 것을 뒤에서 조용히 지켜볼 수 있다. 자고 일어나 보니 저녁에 있던 쓰레기가 말끔하게 치워진 것처럼 말이다. 사용자를 대변해서 사용자가 느끼는 불편함을 어느새 해결해 놓은 그런 미스테리한 존재라는 콘셉트랄까.

그렇기 때문에 내가 운영하는 회사의 핵심역량은 '사용자 경험 문제해결력'에 있다고 할 수도 있다. 클라이언트가 원하는 시각적 디자인을 표현하는 것은 기본이다. 그보다 우리에게 도움을 요청하는 클라이언트는 그들이 해결하지 못하는 UX 문제를 해결해주기를 요청하는 의뢰들이 훨씬 더 많다. UX 문제를 해결하는 것이 무엇인지 아직 감을 잘 못 잡았다면 아래 예시 문제를 보며 한 번 답을 고민해보자.

1,000층짜리 엘리베이터 사용자 경험을 디자인해보시오.

우리가 흔히 접하는 엘리베이터는 30층 정도일 수 있다. 가끔 가다 고층 건물에서 엘리베이터를 타더라도 100층을 넘는 경우는 흔치 않다. 그런데 만약 1,000층짜리 엘리베이터가 있다고 하면 어떨까? UX적으로 문제를 해결한다는 것은 바로 위와 같은 상황에서 가장 최선의 사용자 경험을 만들어내는 것에 있다. 엘리베이터 버튼은 어떤 모양으로 해야 할지, 구성은 어떻게 해야 할지, 원하는 층수에 도달하기까지 긴 기다림의 시간에는 어떠한 경험을 줄 수 있을지 등 말이다. 실제 클라이언트가 의뢰하는 UX 요청사항들은 이렇다. "요양보호사님을 연결해줄 수 있는 웹사이트를 만들고 싶어요", "복잡한 헬스케어 건강 관리 서비스를 보기 쉽게 만들어주고 싶어요", "이메일 가입 회원 수를 최대한 늘릴 수 있게 해주세요" 등 마치 1,000층짜리 엘리베이

터를 디자인해야 하는 것처럼 전혀 모르는 분야와 서비스를 듣고 그들에게 가장 최선의 사용자 경험을 제안하는 것이다.

서비스를 분석하는 나만의 5단계

UX를 분석하는 방법을 특별히 깊게 배운 것은 아니다. 학교에서 UX디자인을 전공하기는 했지만 이미 창업을 한 시점에는 앞으로 들어야 할 전공수업이 훨씬 더 많이 남아있었다. 대신 프로젝트를 수행하며 분석 방법을 터득했다. 그중에서 기본적인 서비스 분석 단계를 소개하려고 한다.

1단계: 프로젝트 개요 및 클라이언트 요구사항 재구성

우선 프로젝트 의뢰가 들어오면 의뢰를 주시는 클라이언트분이 지금까지 해당 사업에 대해 고민하고 연구한 시간과 우리 팀이 바로 서비스에 대해 들었을 때 이해할 수 있는 정도는 차이가 있을 수밖에 없다. 따라서 본격적인 킥오프 미팅(Kickoff Meeting, 프로젝트 시작 전 클라이언트와의 만남)에 앞서 프로젝트마다 여러 가지 사전 질의 응답을 갖는 단계가 필수다. 프로젝트를 왜 시작하게 되었는지, 서비스 네이밍의 뜻과 목적은 무엇인지 등 본격적인 시작에 앞서 클라이언트와 우리 팀이 무슨 프로젝트를 하고 있는지 명확하게 이해하고 가는 단계다.

2단계: 사용자 가치와 비즈니스 목표 수립

프로젝트에 대한 이해도가 높아졌다면, 본격적인 사용자 가치와 비즈니스 목표를 함께 수립한다. 만들려는 서비스를 통해 사용자에게 어떤 가치를 줄 것인지, 그리고 비즈니스적으로 가져가야 하는 구체적인 마일스톤(Milestone, 프로젝트의 중간 목표치)은 무엇인지 세팅한다.

3단계: 경쟁사 분석 및 인사이트 공유

해당 프로젝트의 UI/UX를 어떻게 개선할지 본격적으로 착수하기 전에 프로젝트와 비슷한 다양한 유사서비스 또는 벤치마킹할 서비스를 분석한다. 여기에는 다른 서비스와 우리가 다르게 가져가야 하는 UI/UX 포인트가 무엇인지, 참고해서 반영해야 하는 디자인 요소가 있는지 좀 더 세밀한 분석이 이루어진다.

4단계: 사용자 페르소나, 사용자 여정, 사용자 항해도 분석

이 단계에서는 본격적인 UX 분석이 이루어진다. 사용자 페르소나란 우리 서비스를 사용하는 사람들의 특성을 정리하는 단계이고, 특정 사용자 군에게 어떤 행동을 기대하고 적용해야 하는지 대입시킨다. 사용자 여정은 유저가 우리 서비스를 발견하기 전 인식하는 단계에서부터 서비스 재방문이 어떻게 이루어지는지까지 그 사고의 흐름과 행동, 각 단계에서 느끼는 고객들이 원하는 페인 포인트와 솔루션을 기획한다. 그 이후 사용자들이 우리 서비스를 사용할 때 특정 행동이나 특정한 서비스 탭으로 가는 다양한 경로를 분석하는 사용자 항해도를 그리게 된다.

5단계: 기능 명세 및 상호작용 요소 정리, 정보 구조도 재정립

4단계까지 UX 분석이 어느정도 진행되었다면 주요 서비스 기능에 대한 서비스 기능명세와 상호작용 요소 등이 정리되고, 사용자가 파악하는 정보 중 어떤 정보들이 중요한지 우선순위를 분석하는 정보 구조도를 완성시킬 수 있다.

이렇게 나열한 단계 말고도 프로젝트의 성격과 목표에 따라 다양한 조합으로 서비스 분석이 이루어진다. 여기서 가장 중요한 것은 단순히 분석 이론만 따라가는 것이 아니라는 점이다. 어느 정도의 UX 분석 이론이 있기는 하지만, 중요한 것은 장황한 분석표가 아닌 실제로 그 문제를 해결하는 것이다. 어떤 프로젝트는 이러한 분석방법을 다 무시하고 무조건 몇 시간, 몇십 시간 동안 서비스를 사용해보면서 불편함을 분석하고 해결점을 모색해야 하는 경우도 있다. 보여주기 위한 분석이 아닌, 실제 문제해결을 위한 다양한 방법들을 조합하는 것이 가장 중요하다.

UX디자인에서 유니버셜 디자인까지

주로 진행하는 프로젝트는 IT 서비스들이 대부분이지만, 최근에는 분야가 점점 확장되어 제품 디자인도 진행하고 있다. 기억에 남는 프로젝트 중 하나는 한 스타트업의 중증 장애인들이 사용할 수 있는 수저 포크 세트를 개발하는 일이었다. 장애인과 비장애인 모두 사용할 수 있는 유니버셜 디자인으로 만들어내는 게 프로젝트의 가장 큰 핵심이었다. 고객사의 요청에 맞게 우리는 총 3가지 타입의 수저 포크 세트를 개발할 수 있었는데, 각 세트의 사용자 타깃은 이러했다.

Type A. 손아귀가 마비되어 고정되어 있는 사람도 사용할 수 있는 수저 포크 세트

Type B. 손가락 또는 손목 류마티스염 환자가 사용하기 용이한 수저 포크 세트

Type C. 손 전반에 근육이 약하거나 힘이 없는 사람들이 들기 편한 수저 포크 세트

고객사와 제품 디자이너, UX/UI 디자이너가 모두 모여 몇 개월에 걸쳐 치열하게 프로젝트를 진행했다. 기존 시장조사부터 벤치마킹, 제품 설계 및 시제품 제작까지. 실제 타깃이 되는 사용자의 사용성까지 분석해야 했기 때문에 쉽지 않았다. 더욱 깊은 사전 조사와 사용자 경험 분석이 필요했지만 만들고 나서 가장 보람찼다. 이 팀이 더욱 기억에 남는 건 제품 디자인뿐만 아니라 브랜딩, 웹/앱디자인까지 모든 분야의 디자인을 총체적으로 맡

비장애인과 장애인 모두 사용할 수 있는 유니버셜 수저 포크 세트

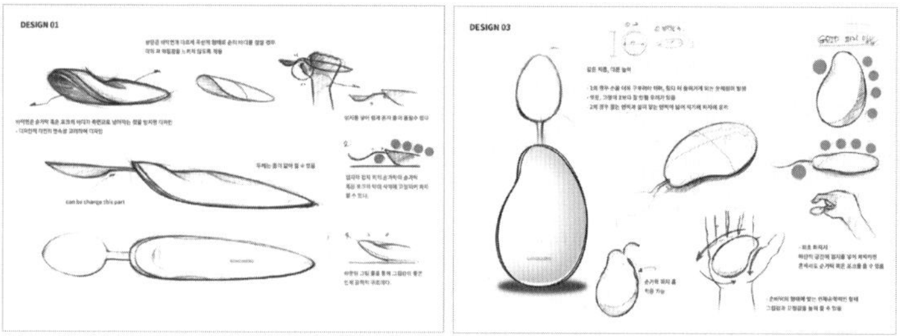

제품 스케치 개발 과정

아 진행했기 때문이기도 하다.

대부분의 스타트업이 어려움을 겪는 건 일관적이지 않는 사용자 경험 때문이다. 디자이너를 뽑았는데 잠깐 일하고 다시 나가게 된다면? 새로운 디자이너가 다시 작업을 할 수는 있지만 기존에 가지고 가던 디자인이 일정하게 유지되기가 쉽지 않다. 이

런 일이 반복되면 로고는 로고대로, 웹사이트는 웹사이트대로, 각각 따로 노는 디자인이 만들어진다. 결국 정리되지 않은 디자인과 사용자 경험은 고스란히 사용자에게 혼란을 준다. 우리 서비스의 고객으로 만들기도 전에 떠나가버리는 것이다.

현실적으로 당장 내일 일도 어떻게 될지 모르는 스타트업에게 사용자 경험까지 챙기기란 쉽지 않다. 그 수고로움을 어찌보면 우리가 대신 맡아 치열하게 고민해주는 일을 하고 있다고 할 수 있다. 그들은 온전히 비즈니스에 집중할 수 있도록 말이다. 이러한 부분을 고객사도 많이 느꼈는지, 프로젝트를 한 번 진행하고 난 후 A/S처럼 분기적으로 다시 우리를 찾아 주는 클라이언트도 많이 생겼다. 일회성 작업 문의가 아니라 지속적인 협력관계를 유지해 하나의 서비스가 커나가는 것을 가장 가까이에서 지켜보는 것도 일을 하면서 가장 보람찬 순간이기도 하다.

아직까지 UX를 생각하면 웹이나 앱을 기반으로 한 IT 서비스를 떠오르기 쉽다. 하지만 나는 지금처럼 사용자 경험을 치열하게 고민해나가면서 일반적으로 아직은 상용화되지 않은 다양한 분야의 UX 컨설팅을 진행해보고 싶다. 꼭 서비스와 제품이 아니더라도 시스템, 공간 등 우리 삶에 접목시킬 수 있는 UX 영역은 무궁무진하다. 궁극적으로는 하나의 비즈니스나 회사를 언젠가 분석하며 컨설팅할 수 있는 날이 오지 않을까 기대해본다.

창업을 위해 최소한으로 알아야 할 IT 지식

디지털 전환의 시점은 반드시 온다

창업의 연비를 줄이기 위해서는 최소한으로 알아두어야 할 IT 지식이 있다. 내가 하려는 창업이 꼭 IT에 특화되어 있지 않아도 마찬가지다. 지금 당장은 필요 없다 할지라도 사업이 성장하면서 언젠간 디지털 전환이 필요한 시점이 반드시 오기 때문이다. 디자인과 개발하는 데 있어서 필요한 기본 개념 지식을 조금만 미리 알아두더라도 시간과 비용을 훨씬 절약할 수 있다.

실제 작업 담당자처럼 심오하게 모든 걸 이해할 필요도 없다. 내가 직접 개발을 다 할 수 있을 정도로 모든 것을 학습하는 게 목적이 아니다. 내 서비스를 만들어 줄 기획자, 디자이너, 개발자와 소통할 수 있을 정도로만 습득하고 있어도 충분하다. 창업가는 머리가 무거우면 달리지 못한다. 필요한 만큼만 습득해 다른 사람들에게 일을 위임할 수 있을 정도로만 알고 있으면 된다.

학술적인 개념이 아닌 실제로 내가 클라이언트와 프로젝트를 하는 진행하는 데 필요한 실무 IT 지식만 정리했다. 이를 위해서는 디지털 서비스가 탄생하는 6단계만 이해해도 충분하다. 내가 만들고자 하는 서비스를 머릿속으로 상상하며 읽으면서 가상으로 적용해보는 것도 큰 도움이 될 것이다. 6단계는 크게 기획 단계인 UI 스토리보드, 디자인의 두 단계인 UX와 UI디자인, 개발의 세 단계인 퍼블리싱, 프론트엔드, 백엔드로 구분된다.

1단계: 기획 – UI 스토리보드

처음에 웹이나 앱 등의 디지털 서비스를 기획하고자 할 때 어떻게 해야 할지 막막할 수 있다. 하지만 앞에서 강조했던 것처럼 초기 창업팀에게는 개발보다 더 중요한 것이 바로 기획이다.

전문 기획자는 사용자가 앱에 로그인하는 순간부터 로그아웃하는 화면까지 놓친 페이지는 없는지 경우의 수 하나하나를 고려해 작업한다. 창업자는 전문 기획자가 아니기 때문에 이런 부분까지 모두 기획해 요청할 수 없다. 단 내가 중요하게 생각하는 기능 정도는 기획자에게 설명할 정도로 준비하는 것이 좋다.

프로젝트를 진행할 때 내가 항상 중요하게 생각하는 부분이 있다. 바로 좋은 결과물은 내 마음대로 작업해서 전달하는 것이 아니라 클라이언트가 받고 싶은 결과물을 만들어내야 하는 것이라는 점이다. 그러기 위해선 가장 먼저 클라이언트가 서비스에 대해 어떤 생각을 갖고 있는지 정확하게 이해할 수 있어야 한다. 좋은 결과물의 시작은 내 방식대로 해석하는 것이 아니라 상대방의 생각을 제대로 이해해야 하기 때문이다.

하지만 클라이언트는 모두 다르고, 설명하는 방식도 제각각일 수밖에 없다. 따라서 클라이언트의 설명만으로는 내가 정확하게 기획 의도를 이해했는지 파악하기 어렵다. 그렇기 때문에 창업자는 "이런 서비스를 만들고 싶어요"라고 구두로 설명하기 전에 중요한 기능 정도를 담은 스토리보드 기획안 정도는 작성해서 문의를 시작하는 것이 중요하다.

다음 그림은 실제로 클라이언트와 진행하며 작업을 시작하기 전 기능 설명 표현을 부탁해 직접 작성해서 회의에 사용된 스토리보드의 예시다. 스토리보드를 작성할 때는 전문가처럼 안드로이드, iOS의 틀 안에 모든 게 적절하게 잘 맞춰서 작성하는 것까지 고려할 필요가 전혀 없다. 가장 중요한 건 내가 넣고자 하는 기능들이 모두 표현되어 있는지만 보면 된다. 쉽게 생각하면 영화를 찍을 때 콘티를 짠다고 이해하면 된다. 내가 만들려고 하는 서비스의 사용자가 주인공이라고 생각하고, 어떤 사건들이 주로 있을지 간략하게 표현하는 것이다.

스토리보드 작성을 도와주는 서비스도 요즘엔 잘 나와 있다. 앱이나 웹 안에 들어가는 요소를 하나하나 직접 그릴 필요도 없다. UI 컴포넌트(UI component) 등을 제공하는 오븐앱(ovenapp.io)

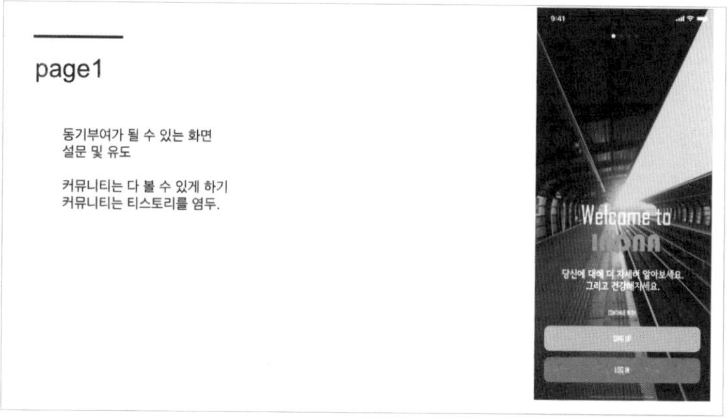

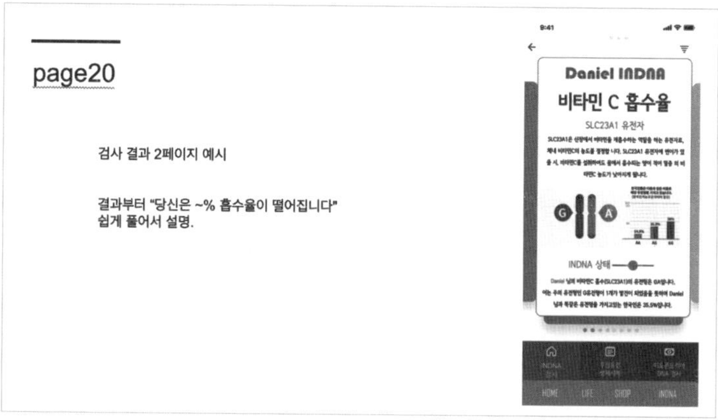

서비스를 이용하면 쉽게 드래그해 내용만 채워넣는 식으로도 간단하게 스토리보드를 완성할 수 있다. 디자인을 조금 다룰 줄 안다면 어도비 XD(Adobe XD)라는 디자인 툴을 사용해 조금 더 정교하게 그려볼 수도 있을 것이다.

하지만 이런 툴이 어렵다고 해도 전혀 문제없다. 직접 손으로 스케치해서 내용을 표현하거나 파워포인트만을 사용해 표현

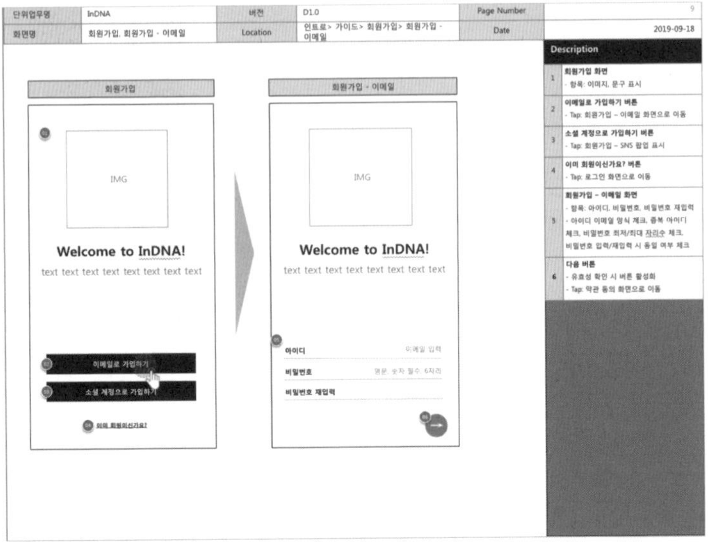

해도 괜찮다. 기획 단계에서 중요한 건 얼만큼 예쁘고 정교하고, 각 디바이스에 맞게 정답을 만들어냈느냐가 아니다. 내가 생각하는 만들고 싶은 기능들이 모두 표현되었고, 그 기능들이 올바르게 디자이너와 개발자에게 전달되었는지가 가장 중요하다.

대략적으로 스토리보드를 만들었다면, 전문 기획자는 그 스토리보드를 가지고 어떤 서비스를 만들 수 있는지 이해하게 된다. 그리고 전문 기획자는 사용자의 흐름을 전체적으로 판단해 이 페이지에서 다른 페이지로 이동하면서 누락된 기능은 없는지, 추가적으로 고려되어야 할 부분은 없는지 표현한다. 그리고 웹이나 앱 화면에 맞게 기본 틀을 갖추어 정돈해 주는 작업을 한다. 위 그림은 전문 기획자가 뽑아낸 화면의 일부다.

이렇게 기획안까지 완성이 되었다면 완성된 기획안을 토대로 바로 디자인과 개발을 들어갈 수 있다. 하지만 만약 기획안을 토대로 좀 더 사용자가 편리하고 쉽게 사용하는 서비스를 만들고 싶다면 추가적으로 UX디자인을 하게 된다. 예를 들어 버튼의 위치가 여기에 있는 게 가장 좋을지, 사용자가 구매하기까지 최적의 경로는 어떻게 될지 등의 고민은 웹 기획자가 담당하는 업무가 아니라 UX 디자이너가 필요하다.

기획 작업을 의뢰하려고 한다면?

내가 만들려는 서비스를 기획안으로 산출했을 때 대략적으로 페이지수가 얼만큼 나올지 예상하는 것이 좋다. 굉장히 간단한 서비스는 20~30페이지로도 충분하지만 대부분의 경우 50~80페이지 사이로 산출된다.

기획의 범위는 굉장히 포괄적이다. 대규모 서비스의 경우 기획자만 3~4명이 투입되기도 한다. 어디서부터 어디까지 기획안에 담을지에 따라서 필요한 인원이 각각 모두 다르기 때문이다.

초기 창업팀은 굳이 개발기능과 관리자 기능까지 모두 초기 기획안에 담을 필요가 없다. 만약 개발, 관리자 기획안이 필요하다면 반드시 별도로 문의해야 한다.

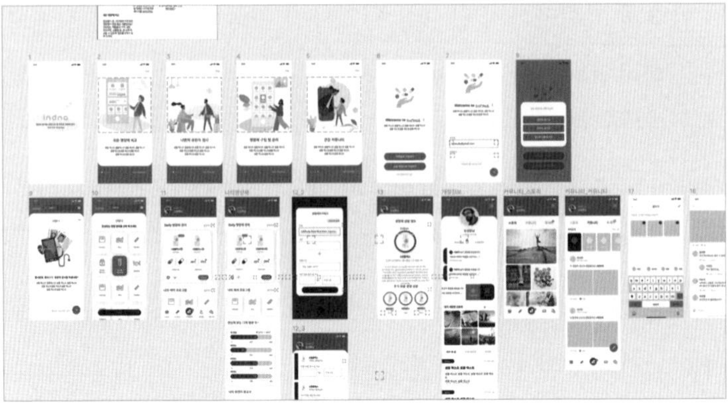

2단계: 디자인 – UX디자인

UX 디자이너가 하는 일은 바로 '사용자 경험'을 디자인하는 것이다. 앞에서 설명한 것처럼 프로젝트에 따라 다양한 방법론을 적용해 서비스를 분석한다. 사용자의 심리와 행동, 서비스의 구조를 분석하면 위 그림과 같은 'UX 와이어프레임'이 산출된다.

창업자는 이 와이어프레임의 개념만 명확하게 알고 있으면 된다. 디자이너와 소통하며 협업하는 과정에서 디자인을 모두 입힌 상태에서 수정을 하게 되면 훨씬 번거로워진다. 따라서 본격적인 디자인을 입히기 전 충분한 의사결정을 하기 위해 와이어프레임을 도출한다는 것을 반드시 인지하자.

3단계: 디자인 – UI디자인

어느 정도 협의된 와이어프레임이 나오면 그때 UI(User Interface)

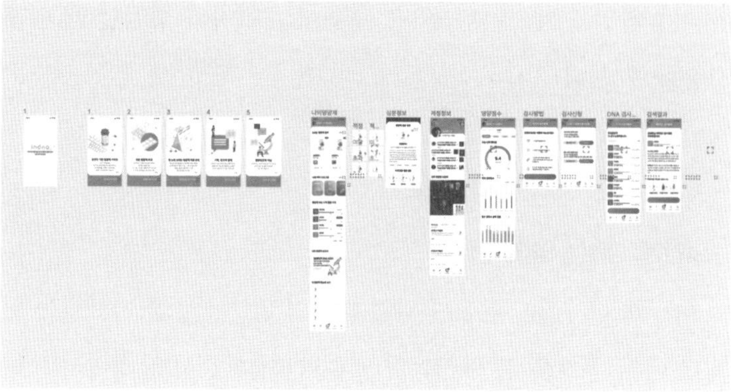

디자이너가 투입된다. UI 디자이너는 버튼, 메뉴바, 아이콘, 썸네일 등 앱/웹을 구성하는 UI 요소들을 디자인한다.

가끔 UX 디자이너와 UI 디자이너를 혼용해서 사용하는 경우가 있다. 물론 두 분야 모두 작업 가능한 디자이너도 많지만 작업을 의뢰할 때 영역 자체는 다르다는 것을 인지하고 부탁해야 한다. UX디자인까지 고려할 건지, 아니면 UI디자인만 입힐지는 각각 다른 작업 영역으로 산정해야 하기 때문이다.

디자인 작업을 의뢰하려고 한다면?

최소한의 기획안을 준비한 후 디자인 견적을 의뢰하는 것이 좋다. UX/UI디자인의 작업 범위를 명확하게 파악한 후 견적을 산정받아야 한다. 예전에는 포토샵 툴을 사용하여 앱/웹디자인을 하기도 했지만 요즘에는 스케치, 피그마, 어도비 XD 등으로 작업 파일을 받는 것이 좋다. 디자인 원본파일은 제플린으로 공유 가능한지도 체크하면 좋다. 추후에 개발자와 협업할 때 쉽게 사용할 수 있다.

4단계: 개발 – 퍼블리싱

이렇게 디자인이 완료가 되면 디자인 원본 산출물 자체로는 실제로 아무 동작을 하지 않는다. 디자인이 완료된 상태에서는 디자인 작업을 jpg나 png 형태의 이미지 파일로 추출할 수 밖에 없다. 개발이 시작되어야지만 그림으로 표현한 디자인에 하나하나 작동할 수 있다. 그 첫 번째 코딩 과정을 퍼블리싱이라고 한다.

퍼블리싱을 하는 사람을 말하는 퍼블리셔라고도 하는데, 이 퍼블리셔가 하는 일은 디자이너에게 디자인 작업을 전달받아 디자인이 웹상에서 나올 수 있도록 html,css 언어로 코딩하는 것이다. 이렇게 html, css로 코딩을 해야지만 디자인을 웹이나 앱으로 구현된 형태로 볼 수 있다.

사실 우리나라에서만 구분해서 퍼블리셔라는 직업군이 따로 있고, 보통은 디자이너가 퍼블리싱까지 같이하거나 아니면 프론트엔드 개발자가 퍼블리싱까지 같이 하고 있다. 따라서 작업 의뢰를 할 때 퍼블리셔를 따로 찾거나, 아니면 해당 디자이너나 개발자가 퍼블리싱까지 같이 할 수 있는지 확인해야 한다. 또한 퍼블리싱의 범위를 정의하는 기준이 사람과 업체마다 각각 다를 수 있다. 어떤 곳은 html,css 외에 동작을 처리하는 javascript/

jquery까지 포함하고, 또 어떤 곳은 javascript/jquery 언어를 프론트엔드로 규정하기도 한다.

한번 퍼블리싱을 한다고 해서 마법처럼 모든 디바이스에 디자인이 예쁘게 맞춰져 나오는 것이 아니다. 요즘에는 디바이스의 해상도가 매우 다양하기 때문에 예산에 맞게 어떤 해상도까지 맞출 수 있는지 확인할 필요도 있다. 디바이스 외에 브라우저도 자동으로 맞춰지는 것이 아니기 때문에 한 번 계약 전 확인하면 좋다. 기본적으로 많이 사용하는 인터넷 익스플로어(IE), 사파리(Safari), 크롬(Chrome) 등의 어떤 브라우저까지 최적으로 맞출지에 따라서도 견적이 달라지기 때문이다.

퍼블리싱 작업을 의뢰하려고 한다면?

디자인은 예쁘게 나왔더라도 퍼블리셔가 구현을 잘 못한다면 디자인이 엉망이 될 수 있다. 따라서 퍼블리셔를 구할 땐 디자인대로 잘 뽑아낼 수 있는지 포트폴리오를 확인하는 게 좋다.

일반적으로 퍼블리싱 브라우저는 IE11, 사파리, 크롬까지는 기본적으로 작업 범위에 포함되지만 IE11 이하는 추가 공수가 많이 들어 작업 비용이 늘어날 수 있다.

디바이스 크기에 따라 자동으로 줄어드는 '반응형 웹' 방식으로 구현하면 좀 더 효율적인 개발이 가능할 수 있다. 제대로 개발하려면 웹표준, 접근성, 검색엔진 최적화 등 추가되는 작업이 굉장히 많다. 초기 개발에는 꼭 필수적인 요소는 아닐 수 있으니 체크해두고 나중에 고도화시킬 수 있다.

5단계: 개발 – 프론트엔드

포괄적으로 프론트엔드의 범위를 표현하면 앞에서 언급한 html,css 그리고 js의 언어가 모두 포함된 것을 의미하고, 좀 더 세부적으로 작업 범위를 구분하면 javascript 종류의 언어를 사용하는 작업을 뜻한다. 쉽게 말하면 유저가 눈으로 보는 모든 화면의 요소들을 개발하는 것이다.

예를 들어 로그인 페이지를 디자인하고 퍼블리싱했다고 해서 실제로 회원가입 기능이 동작하는 것은 아니다. 이처럼 실제로 어떤 액션이 이루어져야 할 때 필요한 것이 바로 프론트엔드 개발이다.

프론트엔드 개발 작업을 의뢰하려고 한다면?

프론트엔드를 개발할 때 흔히 어떤 프레임워크를 사용하고, 어떤 라이브러리를 쓰는지 정하게 된다. 창업자는 프레임워크와 라이브러리를 정확하게 알 필요는 없지만 추후 개발 유지보수를 하거나 개발자를 구할 때 현재 프론트엔드가 어떤 프레임워크와 라이브러리로 개발되었는지는 미리 인지하고 있는 것이 좋다.

6단계: 개발 – 백엔드

프론트엔드가 눈에 보이는 화면의 요소들을 개발하는 작업이라면, 백엔드 작업이란 눈에 보이지 않는 뒷단의 개발 요소들을 다루는 것을 의미한다.

예를 들어 프론트엔드에서 회원가입 기능이 실제로 작동되도록 구현했다고 하더라도, 만약 백엔드 개발이 되어있지 않다면 회원 정보는 모두 휘발성으로 날아가 버리고 만다. 이처럼 내 서비스의 정보나 데이터베이스를 관리할 수 있도록 저장 공간이 필요한데, 눈에 보이지 않는 이 작업을 모두 처리하는 영역이 바로 백엔드 개발이다. 따라서 백엔드 개발에는 서버나 통신, 데이터베이스 관리, API 개발 등이 여기에 해당된다.

백엔드 개발 작업을 의뢰하려고 한다면?

백엔드 개발은 이 모든 과정 중 가장 견적 단가가 높고 복잡한 작업에 해당된다. 따라서 잘 모르고 백엔드 개발을 맡기게 되면 불필요하게 개발비를 가장 많이 낭비할 수 있는 분야이기도 하다.

백엔드 개발에 정말 돈을 많이 투자해야 할 때는 내 서비스가 어느 정도 자리가 잡히고 안정되어있을 때 비용을 투자하는 것이 좋다. 가볍게 백엔드를 개발해야 할 때는 저렴한 비용과 비교적 쉽게 개발할 수 있는 파이어베이스(Firebase)를 추천한다.

4장

퍼펙트한 디지털 노마드 라이프를 위한 멘탈 붙잡기

클라이언트와 '지R 같은' 상황 피하는 방법

컨설팅 전략, 디자인 역량, 팀 문화 등 한 회사의 아이덴티티를 결정하는 요소들은 다양하다. 그중에서 디지털 노마드는 같이 일하는 클라이언트와 따라오는 프로젝트에 따라 정체성이 결정되기도 한다. 클라이언트란 동전의 양면과도 같아서 아주 가까운 사이이기도 하면서 자칫하면 가장 골치 아픈 문제가 발생하기 쉽다.

남의 일, 다른 기업의 일을 한다는 건 쉽지 않다. 나 역시도 처음 일을 시작할 땐 일 자체보단 클라이언트와 발생할 수 있는 여러 문제들로 힘든 적이 정말 많았다. 하지만 놀랍게도 최근엔 그들 덕분에 감사한 일이 더 많아졌다. 어떤 변화가 있었는지 내가 겪었던 이야기를 해보려고 한다.

끌려가지 말고 다가오게 하자

클라이언트마다 요청하는 업무와 그들의 성격, 일하는 스타일, 업무 시간 등 제각기 모두 다르다. 그래서 모든 클라이언트의 상황에 나 자신을 맞추기란 거의 불가능에 가깝다. 물론 상황에 따라서 유연하게 대처할 수 있다. 하지만 일을 할 때 내가 지킬 수 있는 것과 지킬 수 없는 것을 먼저 확고하게 세우는 것이 중요하다.

상처는 주는 사람의 책임도 있지만 어떻게 반응할지는 받는 사람이 결정할 수 있다는 말이 있다. 이처럼 클라이언트가 어떻게 해주길 기대하기 전에 상황마다 내가 어떻게 반응할지 먼저 정해야 한다. "왜 저 사람은 저렇게 행동하지? 정말 기분이 나빠"가 아니라 "그래, 이런 상황에서 이건 내가 할 수 있는 최선의 선택이었어"라고 내 기준에서 피드백하는 것이다. 남 탓하기 전에 우선 스스로가 발전할 수 있는 방향을 찾는 것이 정신건강에도 훨씬 좋다.

아래는 내가 클라이언트와 일을 할 때 정해 놓은 몇 가지 규칙들이다.

- 입금을 확실하게 받기 전까지 일을 시작할 수 없다.
- 한 번 정한 약속을 쉽게 바꾸지 말아야 한다.
- 나쁜 핑계를 만들 바에는 아예 핑계를 만들지 않는 편이 더 낫다.

- 무조건 가격을 낮춰 부르는 사람과는 협상하려고 하지 말고 거절한다. 돈에 끌려다닐 필요는 없다.
- 생각하는 작업 시간보다 하루 이틀 더 넉넉한 일정으로 잡아야 한다.
- 고객과 약속한 데드라인은 반드시 지킨다.
- 사적인 얘기는 첫 만남에 꺼내지 않는다. 깊은 대화는 관계를 쌓은 다음에 한다.
- 약속 시간 15분 전에 도착한다.
- 비용이 증가할 때는 작업물을 완성한 다음 청구하는 것이 아니라 그 전에 미리 컨펌을 받아야 한다.
- 많은 고객을 받아 어정쩡한 만족을 주지 말고 한 사람이 200% 만족할 수 있도록 한다.
- 한 마디의 말이 천 냥 빚을 갚는다는 것을 명심하자. 적절한 상황에 감사 인사와 사과는 필수다.
- 클라이언트에 끌려가지 말고 다가오게 하자.
- 확실한 보호책 없이 혜택을 제공하지 마라.
- 황금률: 남에게 대접받고자 하는 대로 그대로 남에게 실천하라.

사실 어쩌면 가장 기본적인 룰들일 수 있다. 그리고 사실 기본적인 것들이 맞다. 그런데 알다시피 상대방이 그런 기본적인 것들을 지켜주지 않는 일이 너무 많기 때문에 화가 나는 것이다.

백여 개 정도 프로젝트를 해보니 어느 정도 발생하는 문제와 불화의 상황에도 패턴과 시나리오가 분명하게 있는 것이 느껴졌다. 그러한 시나리오가 생기지 않으려면 사전에 예방할 수 있는 것들이 무엇인지, 불미스러운 일이 발생한다면 어떻게 반응할지에 대한 기준을 먼저 세워보자. 내가 지킬 수 있는 기준이 견고하다면, 문제의 상황이 만약 닥치더라도 감정적으로 훨씬 덜 동요할 수 있다.

위의 법칙 중 내가 가장 중요하게 생각하는 건 마지막에 나와있는 '황금률'이다. 내가 상대방에게 어떠한 권리를 기대하거나 요구할 때 과연 나도 스스로 지킬 수 있는 것인가에 대해 먼저 생각해봐야 한다. 예를 들어 상대방에게는 저녁 이후에 연락하지 않을 것을 기대하면서 막상 내가 연락을 하는 일은 없어야 한다. 내가 요구하는 것이 과연 나도 지킬 수 있는 룰인지를 생각해보면 나뿐만 아니라 상대방도 배려하는 규칙들을 만들 수 있다.

하기 싫은 일의 클라이언트의 일은 어떻게 해야 할까

이렇게 나름 룰도 정하고 규칙대로 실천했는데, 그런데도 이상하게 좀 짜증나는 경우가 있다. 나의 경우엔 3가지의 경우에 일하기 싫어졌다.

- 클라이언트가 마음에 들지 않는다.

• 서비스가 마음에 들지 않는다.

• 돈이 마음에 들지 않는다.

첫 번째로 그냥 이유 없이 같이 일하기 싫은 사람이 당연히 있다. 이런 경우 직감적으로 느껴진다. 웬만하면 참는데 이런 클라이언트는 참기 힘들다. 약속 시간을 마음대로 바꾸거나, 미팅 시간에 늦는 경우가 잦는다거나, 아무 시간대나 전화하고 본인 할 얘기만 할 때. 이런 경우에는 서비스고 돈이고 뭐고 일단 시작 자체를 하지 않는다.

두 번째는 만들려는 서비스가 약간 도박성의 느낌을 주거나 가치관이랑 맞지 않을 때는 단호하게 거절하고, 마지막으로 내가 생각한 견적과 맞지 않는 클라이언트와 억지로 일하지 않으려고 한다.

사실 하기 싫은 클라이언트의 일은 안 하는 게 정답이다. 근데 문제는 그게 하기 싫은 것이었는지 처음에는 모르기 때문에 문제가 발생하는 것이다. 선금받고 어쩔 수 없이 잔금 때문에 마무리해야 하니, 짜증이 나는 걸 참으면서 하니까 힘들어지는 것이다. 그러니 현명한 방법은 내 기준을 분명히 갖고 그런 경우를 만들지 않도록 사전에 잘 구별할 수 있어야 한다.

결과뿐만 아니라 과정까지 아름다운 여정 만들기

디자인 작업을 하는 것도, 일을 하는 것도 재밌지만 가장 보람

차고 뿌듯할 때는 클라이언트와 좋은 관계를 만들 때다. 사실 요즘 세상에 돈만 주고 부탁해서 못하는 일이 어디 있겠나. 만들어 달라는 대로, 시키는 대로 인스턴트 식으로 작업만 하고 끝나는 게 아니라 색상 하나 버튼 하나 서로 소통하면서 만든 작품이기 때문에 결과물이 더 아름답고 값질 수 있다는 것을 느낀다. 비단 나와 같은 디자이너나 개발자만이 클라이언트와의 관계를 고민하는 것은 아니라고 생각한다.

혼자만이 할 수 있는 일은 이 세상에 별로 없다. 작은 일이라도 우리는 다른 사람과 소통하고 조율하며 해야 하는 일이 대부분이다. 내가 프리랜서로 돌아가 다시 일을 처음부터 시작한 것이 가장 잘한 선택이라 생각했던 것도 바로 여기에 있다.

비록 하는 일은 거창한 IT 솔루션 개발에서 단순한 앱 디자인이 되었을지 모른다. 하지만 클라이언트 한 명 한 명을 상대하며 스스로 만들어나간 기준과 습관, 태도는 나만의 자산이 된다. 일상이나 직장에서 사람과의 관계에 치여 힘들다고 친구와의 수다나 맥주 한 캔의 위로로 끝내지 말자. 위기를 기회로 만드는 것도 능력이다. 매일이 연습과 실전이라고 생각하며 당신만의 견고한 사람 스킬(People Skill)을 만들어보라.

내가 원하는 결과를 다른 사람 손에서 만들어내는 방법

원활한 협업이 필요하다

앞에서 말한 디지털 노마드 창업의 조건들이 갖춰졌다면 이제 본격적인 서비스 개발을 시작할 수 있을 것이다. 그렇다면 이제 실질적인 고민은 '내 아이디어를 구현해줄 디자이너 혹은 개발자를 찾고 그들과 어떻게 협업하여 최선의 결과물을 얻을 수 있을까?'가 될 수 있다.

디자이너, 개발자를 내부 팀원으로 모집할 수도 있고, 혹은 처음에는 빠르게 외주나 협력업체를 찾을 수도 있다. 꼭 디자이너나 개발자가 아닐 수도 있다. 내가 사업을 같이하는 팀원을 찾을 때, 제품을 만들기 위해 공장이나 유통사를 찾아야 하는 그 모든 경우에 해당된다. 그리고 이 과정에서는 또 다른 두려움이 기다리고 있다.

'개발비가 적게는 몇백만 원에서 몇천만 원 정도 들 텐데 혹여나 마음에 들지 않는 디자인이 나오면 어쩌지?'

'내가 생각한 대로 기능 구현이 되지 않아서 혹여나 외주사와 문제가 생기면 어떡하지?'

'혹시 최악의 경우 계약 문제가 생겨서 협력사와 소송을 하게 되는 상황이 생기지 않을까?'

될 만한 아이템을 찾는 것도 어렵지만 그보다 더 어려운 건 어쩌면 그 아이디어를 실제로 구현하는 것일지도 모른다. 왜냐하면 이 단계에서는 나의 의지와 노력만으로 되는 것이 아니라 다른 사람과의 협업이 개입되기 때문이다. 나의 노력과 상관없이 혹여나 제3자의 실수로 내 계획에 차질이 생길 수 있는 것이다.

단순 외주사나 협력사와의 관계에 대해서만 말하는 게 아니다. 디지털 노마드 창업의 본질도 모든 직원이 한 사무실에 내내 같이 있는 게 아니기 때문에 누가 어떤 업무를 언제 하고 있는지 늘 지켜볼 수가 없다. 또한 계약 관계 역시 시간 단위로 월급을 주는 형태의 계약 관계가 아닐 수 있다. 늘 지켜볼 수도 없고, 그렇다고 계약으로도 구속할 수 없다면 도대체 내가 원하는 결과를 다른 사람을 통해 어떻게 만들어낼 수 있는 걸까?

되는 부분과 안 되는 부분을 명확히 알고 전달한다

다른 사람과의 협업을 성공적으로 이끌어내기 위해서 가장 중요한 건 바로 '기대치 관리'다. 모든 협업의 시작은 이것에서 시작된다. 내가 한 번도 만나지 않은 수많은 디자이너과 개발자들과 성공적인 협업으로 프로젝트를 진행한 것도 바로 이 '기대치 관리'를 잘했기 때문이라고 할 수 있다. 기대치 관리를 잘한다는 것은 내가 어떤 일을 다른 사람에게 맡겼을 때 내가 얻고자 하는 일에 대한 수준의 기대치가 얼마만큼인지 아는 것과 동시에, 해당 사람이 제공할 수 있는 기대치 역시 정확하게 기준을 정해놓는 것이다.

내가 몇백 개의 프로젝트를 진행하며 '이 팀(회사)은 정말 일을 잘하는구나'라고 느낀 팀은 고작 몇 팀밖에 되지 않는다. 그렇다면 이 소수의 팀들에게 느낀 공통점은 무엇일까? 바로 본인들이 무엇을 만들고 싶고, 어떤 부분이 해결이 되지 않는지를 명확하게 인지하고 있다는 것이다. 그리고 그 문제를 제일 잘 해결할 팀을 찾아 그 팀에게는 해당 문제만 해결해줄 것을 요청한다. 일을 하며 중간에 여러 가지 다른 요청사항과 문제가 발생할 수 있지만, 목적이 분명하기 때문에 어떤 일을 본인이 해결하고, 또 어떤 일을 맡겨야 하는지 분명하게 알기 때문에 일 처리가 깔끔하다.

너무 당연한 이야기라 생각하는가? 하지만 놀랍게도 많은 사람이 어떠한 일을 맡기거나 시킬 때, 명확한 기대치 없이 막연하게 일을 엄청 잘해올 것을 기대하는 실수를 한다. 디자인을 예로 들어보자. 디자이너에게 작업 요청을 했을 때 누구든지 '내 마음에 쏙 드는 디자인'을 받고 싶을 것이다. 하지만 내 마음에 쏙 드는 디자인은 내 머릿속에만 존재할 뿐 아무리 훌륭한 디자이너와 작업해도 점쟁이처럼 내가 원하는 디자인이 무엇인지 단번에 알아맞힐 수는 없다.

분명한 기준점과 명확한 설명을 제공하지 않고서 '알아서 잘 해 주세요'라고 기대해서는 안 된다. 내가 제공한 기대치가 막연했기 때문에 당연히 내가 제공받는 작업에 대해서도 나도 애매하게 만족할 수밖에 없다는 점을 기억하라.

나의 가이드가 올바른지부터 체크한다

나의 경우 여러 디자이너와 개발자와 일을 하고 있고, 이들은 모두 개개인의 특성이 각각 다르다. 누구는 파트타임으로, 누구는 풀타임으로, 또 누구는 직원 또는 프리랜서로 일하기 때문이다. 따라서 어떤 사람은 시간 약속을 잘 지키고, 또 어떤 사람은 꼼꼼하게 작업을 잘하는 등 모두의 일하는 성향이나 방식이 다르다. 나는 모두에게 시간 약속을 잘 지키라고 강조하지도 않고, 어떤 시스템을 만들어서 강압적으로 체크를 하지도 않는다. 그 사람이 잘하는 장점에만 집중하고, 그 사람이 해결할 수 있는 일을 맡긴다. 그리고 시간 약속이 좀 늦는 사람이라면 그걸 고칠

걸 기대하는 것이 아니라, 차라리 내가 2~3일 여유롭게 작업을 준다.

해당 디자이너나 개발자가 실수할 때나 디자인이나 개발 결과물이 원하는 방향으로 간혹 나오지 않을 때도 물론 있다. 하지만 대부분의 경우 내가 요청사항을 애매하게 전달하지는 않았는지, 이 사람에게 적합한 일이 아닌데 내가 잘못 업무를 위임한 것은 아닌지부터 확인한다. 내가 작업자에게 어느 정도 수준까지 작업을 전달받길 기대하고, 또 그 작업에 대해서 명확하게 가이드를 줬다면 잘못된 결과물이 나오는 일은 거의 발생하지 않기 때문이다.

각 단계마다 요구되는 기대 수준을 확인하자

창업의 과정은 일반적으로 형태와 상관없이 '시작'하는 단계, '검증'하는 단계, '성장'하는 단계로 분류할 수 있다. 그리고 이 각각의 단계에 있어서도 '기대치 관리'는 적용된다. 창업 초기 팀이 갖춰야 할 이상적인 기대치와 창업 성장 단계에 있는 팀이 갖춰야 할 기대치는 각각 다르다는 것이다. 예를 들어 서비스 개발을 의뢰하는 팀은 대부분 아래와 같이 질문한다.

"크몽 같은 서비스를 만들고 싶은데 얼마가 들까요?"

이미 성공한 마켓컬리, 쿠팡, 배달의 민족 같은 서비스를 예시로 생각해 개발 문의를 하기 쉽다. 이렇게 벤치마킹하는 것 자체가 나쁘다는 뜻이 아니다. 단 이런 서비스와 비슷하게 개발을 실제로 하려는 상황이라면 돈과 시간을 낭비하지 않기 위해 반드시 짚고 넘어가야 하는 부분이 생긴다. 바로 이런 문의를 하는 팀들은 아직 자금이나 팀원들도 확실하게 정해지지 않은 초기 팀이지만, 의뢰해서 받고 싶은 결과물은 바로 이미 몇 년의 시행착오와 몇백 명의 직원을 두며 운영하고 있는 성공적인 서비스라는 것이다.

앞서 얘기한 크몽의 경우도 마찬가지다. 크몽 역시 창업 초창기에는 지리산에서 대표님이 혼자서 개발해 캐리커처나 타로점을 봐주는 서비스를 위주로 제공했었다. 디자인도 지금처럼 다듬어지지 않았다. 하지만 그 어떤 팀도 "크몽의 초기 서비스 단계처럼 개발해주세요"라고 의뢰하지 않는다. 따라서 협력사와 실패하는 대부분은 막연하게 '성공적인 서비스를 만들어주세요' 하는 기대치로 개발팀에게 의뢰한 경우다.

개발팀은 내가 제공한 예산을 기준으로 가능한 만큼만 개발해줄 수밖에 없다. 너무 당연한 이야기지만 막상 창업을 하게 되면 너무 어려운 부분이라는 것을 알게 될 것이다. 왜냐하면 창업을 막 시작하게 되면 내가 하고 싶은 서비스를 만든다는 사실에 들떠 객관적으로 본인의 상태와 여건을 인지하기 힘들기 때문이다. 따라서 내가 얼마 정도 예산으로는 얼마만큼의 결과가 나온다는 것을 받아들이지 못하고, 이미 성공한 장밋빛 결과만 쫓다가 돈과 시간을 모두 낭비하게 된다.

초기 창업자가 갖춰야 할 올바른 기대치

그렇다면 초기 창업팀은 구체적으로 어떤 기대치를 갖고 있어야 할까? 우선 웹이나 앱과 같은 서비스 개발을 하고 싶어 하는 팀을 기준으로 말해보려고 한다. 소프트웨어 개발이 아니더라도 창업을 준비하고 있다면 원리는 동일하게 적용할 수 있으니 잘 참고하면 된다.

기획 > 디자인 > 개발 순으로 우선순위를 두자

초창기 창업팀은 처음엔 내가 만들고 싶은 서비스를 만들더라도, 사용자 검증 과정을 거쳐 서비스가 여러 번 피봇되는 과정을 반복할 수밖에 없다. 따라서 처음부터 내가 생각한 아이디어를 무조건 개발을 한다고 해도, 어차피 사용자의 피드백에 따라 계속 몇 번의 수정을 거쳐야 하는 과정이 필수적으로 발생하게 된다. 그렇기에 처음에 완성되지 않은 서비스 모델로 덜컥 완벽하게 개발한다고 몇천만 원을 써봤자 어차피 다시 개발해야 하는 일이 생긴다. 하지만 창업자는 내가 생각한 아이디어가 동작하는 그 모습을 너무 보고 싶기 때문에 이 유혹을 뿌리치지 못하고 개발의 완성도에 집착하기 쉽다.

따라서 처음에 창업 아이템을 실현하고자 한다면 개발보다는 오히려 기획과 디자인에 초점을 맞추는 것을 더 추천한다. 서비스의 성향이나 방향에 따라서는 다를 수 있지만 사용자는 처음에 완벽하게 구현하는 서비스라고 무조건 유입되는 것이 아니기 때문이다. 매력적이고 사용할 가치가 보인다면 개발이 조금 원활하지 않더라도 '아직 서비스가 개발 중이구나' 하고 기다릴 수 있다. 하지만 내 서비스를 보고 사용자가 전혀 매력을 느끼지 못한다면? 아무리 서비스 뒷단에 엄청 정교한 코드와 복잡한 기능 구현이 되어 있더라도 사용자에게 이런 것들은 전혀 보이지 않는다. 그래서 초기 창업팀은 얼마나 사용자가 안정성 있게 서비스를 사용하는지 고민해야 하는 것이 아니라, 일단은 내 서비스를 매력적으로 돋보이게 만들어 우선 사용자 자체를 많이 모을 수 있어야 한다.

또한 초기 창업팀은 내부 팀원이 바뀔 수도 있고, 협력사나 파트너사, 외주 업체 등이 달라질 수 있기 때문에 매번 내 서비스를 설명해야 하는 상황이 많이 생기게 된다. 이런 상황에서 명확한 기획 문서가 없다면 언제 어떻게 기획이 달라졌는지 체크하기 힘들어지고, 결국에 내가 어떤 서비스를 만들고자 했는지 방향을 잃어버리기 쉽다.

그뿐만 아니라 고객이나 투자사를 만난다면 단순히 내 서비스를 설명하는 것을 넘어서 '설득'해야 하는 것이 중요한데, 이때 장황하게 설명하는 것보다 잘 만들어진 디자인을 보여준다면 훨씬 더 이해시키기 쉬워진다.

사용 가능한 예산의 총액보다 비율이 더 중요하다

꼭 내가 사용 가능한 예산이 많아야지만 성공적인 서비스를 만들 수 있다는 생각은 버려야 한다. 예를 들어 8,000만 원을 갖고 있는 팀이 2,000만 원을 갖고 있는 팀보다 항상 더 좋은 서비스를 만들 수 있다는 법칙은 없다. 오히려 옆에서 지켜보았을 때 사용 가능한 예산의 총량보다 정해진 금액의 비율을 어디에 어떻게 사용하느냐가 훨씬 더 중요한 것이다. 앞의 원리를 적용한다면 8,000만 원을 한 번에 개발비에 모두 투입하는 팀보다 1,000만 원은 기획, 디자인에 그리고 나머지 1,000만 원은 개발에 사용한 팀이 훨씬 더 성과가 좋을 수 있다.

개발은 '유연하게' 해야 한다

개발은 한 번 하게 되면 비용도 많이 들고, 또 수정하기도 어렵기 때문에 최대한 나중에 유연하게 수정할 수 있도록 '가볍게' 개발해야 한다. 그렇기 때문에 한 번에 너무 완벽한 서비스를 만들려고 하지 말고 충분히 수정 가능한 프로토타입(Prototype)을 만든다고 접근해야 한다. 그리고 점차 사용자 피드백을 받아 서비스를 더욱 안정하게 출시하기 위해 몇 번의 새로운 개발과 보수공사를 진행하며 고도화하는 작업은 끊임없이 반복해야 한다.

견적 올리지 말고
커뮤니케이션 비용부터 줄여보자

모든 사업에는 이익과 비용이 존재한다. 내가 돈을 얼마나 벌었는지 매출을 측정하는 것도 중요하지만 그에 못지않게 비용이 얼마나 나가는지 관리하는 것도 아주 중요하다. 아무리 매출이 많아도 비용 역시 같이 증가하는 구조라면 안정적인 순이익을 기대하기 힘들기 때문이다.

외식업을 예로 들면, 일반적으로 전체 매출의 나가는 비용은 식재료 35%, 종업원 인건비 15%, 그리고 임대로 10% 정도다. 이외에도 공과금 등 나가는 기타 비용을 더하면 조금 더 높을 수 있지만, 대략적으로 이익률을 계산했을 때 평균 이익률은 최대 10% 정도이다. 연 매출 100억 원의 회사라면, 순이익은 10%인 10억 원 정도라고 할 수 있는 것이다.

현재 내가 운영하고 있는 디자인 회사나 혹은 비슷한 IT 계열의 회사들은 비용 구조가 조금 다르다. 아무래도 우리처럼 원격으로 일하거나, 노트북 하나로 일하는 회사들은 외식업처럼 나가는 비용 구조가 훨씬 더 적을 수 있다. 쉽게 말해서 인건비 빼고 큰 지출이 없기 때문이다. 우리에게 비용은 곧 시간과 노동력을 의미한다. 그렇기 때문에 이 프로젝트를 진행할 때 얼마나 많은 사람의 노동력과 진행 시간이 필요할지 처음에 잘 계산하는 것이 무엇보다 중요한 것이다.

하지만 비용 구조가 많지 않다고 해서 안일하게 생각하면 안 된다. 프로젝트를 진행하다 보면 처음에 예상했던 것과는 훨씬 더 일이 복잡하거나, 끝에 가서 일이 늘어나는 경우도 굉장히 많다. 원하는 대로 작업이 진행이 되지 않아 중간에 사람을 바꿔야 하는 경우도 종종 있다. 따라서 프로젝트 시작 전 고객사와 함께 요청하는 범위와 시간을 꼼꼼히 계산하는 것이 가장 중요하다. 첫 단추를 잘 끼워야 하는 것처럼 첫 견적이 가장 중요하다.

견적에는 커뮤니케이션 비용까지 고려해야 한다

첫 견적에서 시간과 노동력을 고려하는 건 기본이다. 하지만 이것만 고려해서는 안 된다. 눈에 보이지 않아 쉽게 측정하기는 어렵겠지만 나의 경우에는 고객과 발생하는 '커뮤니케이션 비용'까지 사전에 모두 고려해 예산을 작성한다.

커뮤니케이션 비용이 무엇인지 한 번에 딱 와 닿지 않을 수도 있다. 어쩌면 한국에서는 이러한 요소들을 당연하게 생각하고 넘어가서 모르기 쉬울 수 있다. 하지만 미국의 경우에는 사실 클라이언트와 일을 진행하는 회사들의 비용 청구가 우리나라에 비해 굉장히 까다롭다. 미팅하러 갈 때 발생하는 교통비, 주유비까지도 계산에 모두 포함하기 때문이다. 한국은 정서상 그 모든 비용을 요청하기가 굉장히 힘들지만 이건 꼭 바뀌어야 하는 기업 문화라고 생각한다.

커뮤니케이션 비용이란 기업 내 의사결정 과정에서 발생하는 모든 의사소통 참여자의 참여 시간이다. 예를 들어 진행하는 프로젝트에 투입되는 인원이 개발자, 디자이너, 기획자, 고객사담당자 총 4명이라고 하자. 하나의 프로젝트를 진행하는 데 있어서 우리는 문자, 메일, 전화, 미팅, 회의 등 다양한 방식으로 의사소통을 하게 된다. 여기서 하루에 30분씩만 서로 의사소통만 하게 되더라도, 20일이면 10시간이다. 이렇게 커뮤니케이션 비용을 고려하지 않고 덜컥 예산을 잡게 되면 예상한 것보다 훨씬 더 많은 시간을 그냥 날려버리게 되는 것이다.

하지만 말처럼 커뮤니케이션 비용을 정확하게 산출해내기란 어렵다. 팀마다, 프로젝트마다 사람과 상황이 모두 다르기 때문이다. 따라서 내가 일을 처음 시작하고 얼마 지나지 않아 했던 것이 바로 '프로젝트 리포트'를 작성하는 것이었다. 작업하는 프로젝트마다 엑셀 표를 만들어서 프로젝트의 비용, 실제 작업 소요시간, 발생한 커뮤니케이션 비용을 측정한다. 이렇게 기록해놓

	프로젝트-번호	프로젝트-명	프로젝트 견적	작업소요시간	커뮤니케이션 비용	비용합계	시작일	끝일
11월	17-11-01	A	700	45	20	65	17/11/03	17/11/28
	17-11-02	B	300	35	15	50	17/11/10	17/11/24
	17-11-03	C	550	28	7	35	17/11/15	17/11/30

프로젝트 리포트 예시

으면 비슷한 프로젝트나 상황을 마주할 때, 과거의 경험을 빗대어 조금 더 정확한 비용을 예측할 수 있다.

커뮤니케이션 비용에는 최대한 발생하는 모든 의사결정 과정을 포함하면 좋지만 매번 트래킹하는 것도 쉽지 않다. 모든 시간을 다 정확하게 파악하기보다는 주요하게 발생하는 정기회의, 미팅 시간이라도 꼭 따로 기록해보자. 이렇게 기록이 누적되다 보면 실제 할당해야 하는 작업 시간이 어떻게 될지 좀 더 정확하게 가늠할 수 있다. 프로젝트 비용이 생각보다 더 많이 발생했던 프로젝트는 따로 메모해 같은 실수를 반복하지 않을 수도 있다. 무조건 견적이 높은 프로젝트가 좋은 프로젝트가 아니다. 실제 눈에 보이지 않는 커뮤니케이션 비용까지 계산해 훨씬 더 현명한 비용 구조를 만들어보자.

나를 위해 커뮤니케이션 비용을 줄여라

폰 포비아(Phonephobia)라는 단어를 혹시 들어본 적이 있는가? 단어 그대로 폰 포비아는 음성 통화를 꺼리는 현상이다. 다양한 맥락에서 뜻이 다르게 쓰일 수 있지만 나는 일을 할 때 느껴지는 두려움이 가장 먼저 떠올랐다. 밤 11시에 클라이언트에게 갑작스럽게 오는 전화, 끊임없이 울리는 메신저, 이해할 수 없는 장문의 메일까지. 실제 디자인 작업이 어려운 경우도 물론 있지만 사실 대부분의 업무 스트레스는 커뮤니케이션에서 비롯된다.

정확한 예산측정과 이익을 위해서 커뮤니케이션 비용을 줄여야 하는 것도 맞다. 하지만 가장 중요한 건 나의 정신적인 스트레스 관리를 위해서다. 더 이상 예측할 수 없는 시간과 상황에 오는 전화벨 소리를 두려워하는 일은 없어야 한다. 앞에서는 커뮤니케이션 비용 자체를 정확하게 파악하는 중요성에 대해서 말했다면, 이번에는 실제로 그 비용을 줄여나갈 수 있는 가장 기본적인 방법에 대해서 얘기해보려고 한다.

기본적인 커뮤니케이션은 메일로 하자

어렸을 때 외국에 살았던 경험과 대학교를 다니면서 자연스럽게 '메일' 문화를 배웠다. 친한 관계가 아니면 개인적인 메신저와 전화는 개인의 사생활을 중요하게 여기는 서구 문화에서는 조금 더 엄격했다. 하지만 한국 업무 정서는 그렇지 않다. 대부분 편한 소셜 메신저나, 필요한 경우 바로 전화를 해 업무 진행 사항을 파악한다. 일을 시작하고 제일 힘들었던 부분이 바로 이런 부분이었다. 어느 정도 맞춰서 대응할 수 있지만, 메신저로 얘기하게 되면 지금 나는 다른 업무에 집중해 일을 처리하고 있는데도 불구하고 바로 답장을 해줘야 할 것 같은 부담이 있다. 전화통화는 편리하지만 내용을 다 기억하기도 힘들고 또 다시 옮겨 적어야 하는 수고스러움이 있었다. 클라이언트마다 편한 업무 스타일을 다 맞춰줄 수도 없었다.

따라서 나는 항상 프로젝트 시작 전에 '작업안내' 공지를 만들어 안내사항을 꼼꼼하게 먼저 공유했다. 여기에는 기본적인 운영방식을 자세하게 적어 사전에 미리 공지했다. 아래는 '작업안내' 공지 내용의 일부이다.

- 기본적인 연락은 '메일'로 바랍니다.
- 일반적으로 메일에 답변하는 시간은 오전 9시~오후 6시 사이입니다.
- 급한 메일의 경우 타이틀에 [긴급], [중요]로 따로 명시 바랍니다.
- 개인적인 카톡, 전화는 업무 시간 중에라도 답변이 늦어질 수 있습니다.
- 주말에는 연락이 어렵습니다.

나는 사생활이 업무적으로 드러나는 게 싫은 것도 있고, 업무상 안드로이드/iOS 디자인을 각각 확인해야 하기 때문에 클라이언트와 연락하는 핸드폰을 따로 쓰고 있다. 메일로 커뮤니케이션을 주로 하게 된다면 혹시라도 업무용 핸드폰을 가지고 있지 않은 상황에서도 빠르게 답변을 할 수 있다. 그뿐만 아니라 팀과 내용을 공유할 때도 따로 복잡하게 옮겨 적을 필요가 없어 훨씬 효율적이다.

중요한 것은 업무의 집중도가 떨어지지 않는 것

이런 스타일이 익숙한 팀과는 작업이 수월하지만 조금 연륜이 있는 클라이언트의 경우에는 사실 전화나 문자로 연락을 주시는 경우가 많다. 그럴 때는 먼저 이야기를 전부 듣고 정중하게 "지금 말씀해주신 내용을 제가 다 메모를 하지만, 이럴 경우에는 어쩔 수 없이 누락되는 부분이 생길 수 있습니다. 메일로 전달해 주시면 나중에 피드백이 반영되었는지 객관적으로도 확인할 수 있기 때문에 훨씬 편리합니다"라고 말씀드린다. 대부분의 경우에는 다 이해하시고 업무 스타일을 맞춰주신다.

'메일로만' 커뮤니케이션하는 건 절대 아니다. 메일로 피드백을 확인하고 이해가 잘 가지 않는 상황이나 중요한 얘기의 경우에는 꼭 전화통화를 한다. 최근에는 프로젝트와 팀도 더욱 다양해지면서 아예 나는 업무 일과 중에 메일을 확인하는 시간을 따로 정해 놓고 있다. 일반적으로 아침 8~9시, 점심 12~1시, 퇴근 전 5~6시 이렇게 3번에 걸쳐 확인한다. 이렇게 하면 대부분 중요한 내용을 놓치지 않을뿐더러, 다른 회의나 작업 중간에 메일 사서함을 들락날락하지 않아도 된다. 자잘한 커뮤니케이션 때문에 나의 업무의 집중도와 흐름이 깨지는 일이 없도록 하자.

디지털 노마드 창업은 곧 원격근무를 의미한다. 모두가 꼭 한 장소에 모여야만 효과적인 커뮤니케이션을 할 수 있는 건 아니다. 시간과 공간에 크게 얽매이지 말자. 끊임없이 길어지는 회의가 아닌 올바른 방향의 길을 찾을 수 있는 효과적인 커뮤니케이션을 만들어내는 것이 훨씬 더 중요하다.

클라이언트를 200% 만족시키는 방법

서비스 진행 여부는 첫 문의에서 99% 결정된다

클라이언트의 프로젝트 위주로 진행하는 디자인 회사나 프리랜서는 수익 구조가 조금 불안정할 수 있다. 일이 들어올 때가 있고 그렇지 않을 때가 있기 때문이다. 그래서 한 번 문의가 들어오면 최대한 잘 대응해야 한다는 부담감이 크다. 나 역시도 일을 하는 과정 중에서 가장 예민하고 신경이 쓰일 때가 바로 첫 문의를 받을 때나 첫 미팅을 할 때다. 물론 일을 진행하는 전체적인 과정도 만족스러워야 하는 건 당연하다.

하지만 일을 진행하지 않으면 아무 의미가 없다. '나중에 일을 하면서 잘 하면 되지 뭐'라는 생각으로 나의 매력을 감추는 실수는 하지 말자. 서비스 진행 여부는 첫 문의에서 99% 결정된다. 고객과의 첫 만남에서 나의 200%를 발휘해야 한다. 첫 문의에서 마음을 사로잡을 수 있는 3가지 비결을 공개해 보려고 한다.

견적문의는 견적을 얘기하는 것이 아니더라

작업 문의가 들어오게 되면 대부분 클라이언트가 궁극적으로 궁금해하는 것은 견적이다. "제가 만들고 싶은 서비스는 이러이러한데, 기간이 얼마나 걸리고 가격은 얼마일까요?"라는 형식이 일반적이다. 이러한 문의를 받을 때 물어보는 부분에만 간결하게 대답할 수 있다. 하지만 표면적인 질문에 대한 답변만 하는 것이 아니라, 내면에 진정으로 듣고자 하는 이야기를 한 번 고민해보면 훨씬 좋다. "네, 이건 몇 일 걸리고 얼마에요"라는 답변이 아니라 클라이언트가 겉으로 말하지 않는 부분까지 캐치해서 답변에 녹아내는 것이다.

예를 들어 고객이 서비스를 만들려고 하는데 회원가입 절차에 대한 고민을 가지고 있다고 해보자. 나의 경우에는 이렇게 대답할 수 있을 것 같다.

"서비스 의도와 기획, 그리고 정확한 문제점과 유입을 어떻게 늘리고 싶으신지는 더 말씀을 들어봐야 할 것 같은데요. 일단 지금 봤을 때는 말씀해주시는 것처럼 텍스트가 간결하지 않아요. 유저가 느끼기에 서비스 회원가입, 사용에 대한 부담이 있어 초기 유입이 힘들 것 같이 보이네요. 이 부분은 가입이라는 느낌을 최대한 덜어 설문지나 서베이처럼 만드는 것이 더 좋을 것 같고요. 약간의 일러스트 그림을 추가해서 사용자가 지루하지 않게 하는 방향으로 생각해 볼 수 있어요. 제가 생각했을 때 이런 느낌을 비슷하게 표현한 다른 사이트는 OOO가 있는데 여기 보시면 사이트에서 복잡한 질문을 단계를 나눠 하나씩 순차적으로 보여주고 있어요. 귀여운 그림을 더해 지루함도 훨씬 덜하고요."

위 답변은 내가 프로젝트를 진행했을 때 클라이언트에게 전달한 실제 대화 내용의 일부다. 그때 이 서비스를 의뢰한 고객은 진심 어린 답변에 큰 감동을 받았다고 했다. 다른 곳에도 많이 의뢰를 맡겨보았지만 이렇게까지 성심성의껏 답변을 남겨주는 경우가 없었기 때문이다.

사실 내가 한 답변은 대단한 리서치와 분석을 통해 나온 것이 아니다. 그냥 조금의 관심을 더 가졌을 뿐이다. 문의에 대해 빠르게 하는 답변하는 것도 중요하지만 질문온 사항에 대해서 5~10분 더 고민한다고 크게 늦어지는 것도 아니다. 내가 그들의 고민을 충분히 들어 줄 준비가 되어있음을 어필해보자. 상대방이 먼저 말하지 않더라도 이 사람이 듣고 싶은 부분은 어떤 부분일지 생각해보면 된다. 머릿속으로 '계산'해서 말하는 건 아무 의미 없다. 내가 그 사람 입장이 되어 진정성 있게 고민하는 마음이 가장 중요하다. 진심은 통하기 마련이다.

가장 핵심적인 포트폴리오는 디자인이 아니라 내 자신이더라

작년 겨울에는 밀라노에 잠깐 다녀왔다. 한 비공식 비즈니스 모임에서 우연히 나와 비슷한 일을 하는 디자인 회사의 대표를 만났다. 이야기가 잘 통해 우리는 각자 일하는 삶에 대해 이야기를 이어나갔다. 그때 내가 그에게 질문을 던졌다.

"클라이언트가 너와 왜 일하는 것 같아?"

그랬더니 그가 답변했다.

"내가 매력적이니까."

간결하고 재치 있는 답변에 피식 웃음이 나왔지만 사실 당연한 말이기 때문에 인정할 수밖에 없었다. 극적으로 말하면 어떤 클라이언트는 디자인 작업물을 보지도 않고 일을 할 때가 있다. '사람'을 보고 가기 때문이다.

사람의 외적인 요소도 당연히 중요하다고 생각한다. 보여지는 일을 하는 디자이너라서 남들보다 조금 더 예민할 수도 있다. 하지만 꼭 화려하고 아름답지 않아도 내 자신의 아이덴티티를 겉으로 표현하는 능력까지도 디자이너가 갖춰야 할 역량이라고 믿기 때문이다.

이런 생각 때문에 미팅할 때만큼은 내가 쓰는 펜 하나, 노트 하나 아무거나 쓰지 않으려고 했다. 명함을 건넬 때 보여주는 명함 케이스 같은 것까지도 말이다. 내일 있을 미팅에 대비해 자기 전날 입어야 할 옷이나 스타일까지 미리 준비해둔다. 잘 보이기 위함도 분명히 있지만, 비로소 그렇게 해야지만 내 모든 역량을 발휘한다고 생각했기 때문이다.

꼭 잘 꾸며야 한다는 건 아니다. 나를 어필하는 데 스타일이 꼭 중요하지 않을 수 있다. 비록 정답은 없지만 내가 설명하지 않아도, 능력을 입증해보이지 않아도 '저 사람은 뭔가 있는 것 같아', '한번 말 걸어 볼까?', '같이 일해보고 싶다'라는 느낌을 주는 것도 아주 중요한 역량이라고 생각한다. '나'를 매력적인 사람으로 만드는 것, 그게 어쩌면 화려한 디자인 포트폴리오보다 더 중요할 수 있다.

완성된 작품을 파는 것이 아니라 상대의 마음을 사는 것이다

내가 하는 UX디자인, 컨설팅은 다 그려진 액자의 완성된 작품을 판매하는 것이 아니다. 완성된 작품이 어떤 모습일지 나 역시 알지 못한다. 그 결과물은 내가 그리고 싶은 그림이 아니라 상대방이 그려줬으면 하는 그림이기 때문이다. 그렇기 때문에 내가 조언은 할 수 있지만 무조건 내가 원하는 방향대로만 할 수도 없다. 강압적으로 혼자 결정할 수 없는 것이다.

대부분의 클라이언트는 그들이 생각하는 방향이 이미 머릿속에 그려져 있다. 결정적인 부분은 내가 조언을 하고 코칭을 하며 좀 더 다듬어내는 것뿐이다. 그렇기 위해서는 상대방이 머릿속에 그리고 있는 그림이 무엇인지 그들의 마음을 읽어낼 수 있어야 한다.

물론 그 사이에 괴리감이 분명 존재한다. 디자이너로서 당연히 예쁘게 표현하고 싶은데 무조건 클라이언트의 스타일에 의존하게 되면 만족스러운 결과물이 나오지 않을 수도 있다. 그렇기 때문에 우리는 서로 어떤 그림을 그려가고 있는지 끊임없이 점검하고 파악해야 한다. 내가 당장 디자인을 시작하기 전에 주제별로 회의를 하고, 분석 자료를 만드는 것도 이러한 이유 때문이다. 당장 눈에 보이는 디자인으로도 고객이 만족할 수 있다. 하지만 소통의 과정 없이 한 번에 만족스러운 결과물을 만들어내기란 불가능에 가깝다. "이렇게 해달라고 했는데 왜 결과는 이렇게 나왔죠?"라는 식의 피드백을 받게 되면 얼마나 힘들고 진이 빠질까.

클라이언트의 만족도를 높이는 가장 중요한 요소는 커뮤니케이션을 얼마나 효과적으로 이끌어내는지에 달려있다. 내가 만든 디자인을 팔려는 생각보다 상대방의 마음을 산다고 태도를 바꾸는 것만으로도 훨씬 더 커뮤니케이션을 성공적으로 해낼 수 있다.

평소 존경하는 스노우폭스 김승호 회장의 《알면서도 알지 못하는 것들》에도 이런 말이 있다.

> 새로운 인연과는 단 한 번의 만남에도 최선을 다해야 한다. 새롭게 피어나는 가지는 약하다. 그래서 처음 만나는 사람에게는 더 정성을 다 하고 성실해야 한다. 약속을 잘 지키고 좋은 첫인상을 주기 위해 노력해야 하며 상대방을 이해하고 존중해야 한다. 꽃이 피고 열매

가 자리를 잡기 위해서는 당연히 그렇게 해야 한다.

꼭 클라이언트와의 일이 아니더라도, 우리는 살면서 무수히 많은 '처음'을 경험한다. 그 처음 피어나는 새싹에 적절한 햇빛과 물을 주며 우리가 할 수 있는 최선을 다해보자. 당신이 필 수 있도록 도와준 그 새싹이 어느새 아름다운 꽃과 열매로 무럭무럭 자라나는 것을 경험할 수 있을 것이다.

지긋지긋한 고객 갈등 10가지 유형 대처법

10가지 유형을 알면 대처하기 쉽다

자신의 서비스를 효율적이고, 효과적으로 만드는 방법을 터득했다면 이제 앞으로 하나의 난관이 더 남았다. 바로 고객과의 상호작용을 하며 벌어지는 여러 갈등들을 해결해야 한다는 점이다. 사업은 '내'가 아닌 '남'을 만족시켜야 한다. 하지만 밑도 끝도 없이 '남'에게만 맞추다 보면 나의 사업시스템이 흔들릴 수 있다. 기준 없이 잘해주기만 하다 보면 아이러니하게도 고객은 감사하는 게 아니라 무시하기 쉽다.

그렇기 때문에 고객만족을 시키는 동시에 고객에 너무 끌려다니지 않아야 한다. 나는 지금까지 프로젝트를 수행하며 정말 수많은 클라이언트를 만났는데 신기하게도 갈등이 발생하는 부분을 공통적인 10가지의 유형으로 묶을 수 있었다.

물론 모든 갈등 유형이 이 10가지 안에 들어가는 것은 아니다. 또한 모든 비즈니스 모델이나 사업체에 적용할 수 있다는 뜻도 아니다. 하지만 모두 똑같지는 않더라도 많은 부분 이 10가지 유형 안에서 비슷하게 발생한다고 생각한다. 이 대표적인 유형들에 대해서 미리 알고 대처하는 것만으로도 당신의 고객 만족(Customer Satisfaction) 역량은 훨씬 앞서갈 수 있을 것이다.

10가지 유형의 구체적인 설명은 소프트웨어 디자인, 개발 프로젝트를 기준으로 작성했다. 비슷한 비즈니스 모델이 아니더라도 내가 하고자 하는 사업에 대입시켜보며 나만의 대처법도 만들어보자.

처음엔 천사였다가 마지막에 악마로 변하는 클라이언트

처음엔 천사처럼 착한 고객이지만 점점 시간이 지날수록 악마같이 변하는 유형이다. 특히 프로젝트의 마지막 잔금 처리할 때 갑자기 돌변하는 경우가 대개 이 유형에 속한다.

이런 고객사의 경우 프로젝트를 진행하는 내내 고객사가 원하는 대로 수정사항을 오히려 잘 들어줬지만 오히려 잔금을 못 주겠다고 하는 경우가 많다. 원래 작업 범위는 아니지만 추가적으로 수정사항을 여러 차례 반영해주었지만 마지막에 고객사 본인이 원하는 작업 결과물이 안 나왔다며 잔금을 못 주겠다고 하는 것이다.

때로는 퍼블리싱도 마찬가지다. 기껏 개발을 다 하고 중간까지는 아무 말이 없다가 마지막에 무조건 원하는 구조가 아니라며 작업 퀄리티가 마음에 들지 않는다고 하며 잔금을 주지 못하겠다고 한다.

이런 유형의 고객들과 일할 때 일어날 수 있는 리스크는 프로젝트 진행 초기에는 이들의 친절함과 온화함에 마음이 뺏겨 원래 정해진 기존 작업 범위보다 조금 추가되는 요청도 다 들어주기 쉽다는 점이다. 하지만 이러한 추가 사항은 중간에 비용을 청구하기도 어렵다. 어떻게 보면 서비스 개념으로 해준 것인데 마지막에 잔금까지 못 받게 되는 것이다. 시간과 인건비는 모두 더 발생하고 잔금 회수까지 어렵게 되는 최악의 상황이 발생할 수 있다.

이 유형의 대처법은 아무리 친절한 클라이언트라도 친절함과 분명함은 구분하는 일이다. 나 같은 경우 오히려 처음에 너무 친절하더라도 그 친절함 뒤에 중요하게 요구하거나 명확하게 해야 하는 부분을 놓치지 않도록 더 신경 쓴다. 비즈니스는 봉사가 아니기 때문에 단순히 친절함만 있어야 하는 것이 아니라는 것을 명심하자. 상냥하거나 친절하지 않아 약간 차가운 느낌이 드는 사람이 오히려 서로 주고받는 것에 있어서 명확한 경우도 많다.

또한 잔금을 받는 시기를 작업물을 모두 전달한 후가 아닌 2/3 시점으로 하는 것이 좋다. 잔금을 못 주는 대부분의 이유는 정말 퀄리티가 마음에 들지 않아서가 아니라 고객사 내부에 어떤 자금 문제나 갈등 상황이 생겨 핑계를 대는 경우가 대부분이기 때문이다. 돈은 미리 받아놓는 것이 좋다.

판도라의 상자가 열리는 프로젝트

처음에 견적 의뢰를 받았을 때는 이 정도 사이즈인지 모르고 작업을 했다가, 막상 작업을 시작하며 서로 피드백을 주고받다 보니 생각한 사이즈와 너무 차이가 많이 나는 프로젝트 유형이라고 할 수 있다.

발생할 수 있는 리스크는 초기 견적을 산정한 것이 작업비의 기준이 아니라 중간에 피드백이 오고 가며 바뀐 기준대로 견적을 재산정해야 하는 것이므로 추가비용을 요구해야 하지만 이미 계약을 한 번 하고 나면 중간에 비용을 청구하는 것이 굉장히 어려워진다는 점이다. 따라서 추가 계약을 진행하지 못한 채 고스란히 추가적인 시간과 인건비가 발생한다. 또한 함께 프로젝트를 진행하기로 한 파트너사, 프리랜서와도 다시 재협상, 재계약을 해야 하는 상황이 발생하면서 커뮤니케이션 비용이 너무 많이 들어간다.

이 유형의 대처법은 중간에 추가 견적을 요청하는 건 처음에 견적을 높게 내서 설득하는 것보다 훨씬 더 힘들다는 것을 명심해야 한다. 따라서 초기 예산에 무조건 OK하고 작업을 빠르게 시작하는 것보다, 작업 시작 시점이 조금 늦어지더라도 요구사항과 이슈를 미리 분석하는 것이 훨씬 더 중요하다. 처음에 추가 비용을 아예 중간에 산정하지 않는다는 마음가짐으로 초기 견적을 잡아야 하는 것이다.

나의 경우 요청받은 기획서를 바탕으로 디자인과 개발적으로 미리 발생할 수 있는 이슈 사항들을 미리 분석해 모두 해결한 후 최종 견적을 도출하고 있다. 이런 과정 없이 급급하게 빨리 작업을 시작해달라는 클라이언트의 일은 차라리 받지 않는 것이 좋다. 작업 내내 분명하고 정확하게 일을 처리할 수 없는 것이 뻔하기 때문이다.

초기에 너무 길게 이슈를 파악하기 힘들면 계약 방식 자체를 바꿔야 한다. 프로젝트 단위의 계약이 아니라 이럴 때는 분야별로 투입되는 인건비를 계산해야 한다. 따라서 업무량이 늘어나더라도 그 시간만큼 비용을 받을 수 있어야 한다.

잡탕이 되는 프로젝트

콘셉트가 너무 많이 섞여서 뭘 만드는지 모르겠는 프로젝트다. 세부적으로 유형을 나누면 우유부단하거나 갈팡질팡하는 유형의 고객사가 있고 또 본인 스스로도 무엇을 만들어야 하는지 모른 채 어느 하나를 결정짓지 못하는 경우도 있다.

발생할 수 있는 리스크는 고객사 본인도 무엇을 만드는지 잘 모른다면, 아무리 좋은 퀄리티로 디자인을 보여주더라도 만족을 하지 못하는 결과가 나올 수 있다는 점이다. 반대로 너무 욕심이 많아 이것도 넣고 싶고, 저것도 넣고 싶고 하다가 결국에 포트폴리오로도 쓸 수 없는 최악의 디자인 결과물이 나오기도 한다.

이 유형의 대처법은 일종의 서베이나 문항을 작성해 답을 듣는 것이다. 고객사 본인이 무엇을 만들고자 하는지 명확하게 모를 수는 있다. 머릿속에는 있지만 표현을 잘 못하는 것이다. 이때 질문에 대한 답변 형식으로 답을 받으면 꽤 많은 부분이 해결된다. 우리의 작업 프로세스 중 기획 워크샵을 진행하며 프로젝트의 목적이나 시작 배경, 이름 등에 대한 자세한 설명을 요구하는 것도 고객사가 무엇을 만들고 싶어하는지 우리가 명확하게 이해하기 위함이다. 이처럼 내가 알아야 하는 질문들을 정리해 고객사가 답변을 해주면 모호한 부분은 많이 해결된다.

하지만 고객사 중 무조건 디자이너나 개발자가 완벽한 해결책을 제시해주리라는 생각을 갖고 있다면 굉장히 위험하다. 우리가 헤어샵에 간다고 하더라도 가기 전 적어도 내가 하고 싶은 머리스타일 정도는 찾아보지 않는가? 그다음에 내 모발과 기장에서 가능한 현실적인 전문가의 의견을 들을 수 있다. 프로젝트도 마찬가지다. 돈을 내고 맡겼다고 내가 만들고자 하는 서비스의 모든 부분을 대신 결정해줄 수는 없다.

내가 어떤 헤어스타일을 했는데 막상 결과를 보니 마음에 썩 들지 않는다고 해서 그 자리에서 갑자기 다른 스타일을 해달라고 요구할 수는 없다. 디자인도 마찬가지인데 고객사는 이걸 잘

인지하지 못한다. 어떤 콘셉트를 하기로 정해서 작업을 했는데, 막상 보고나니 별로라며 다른 콘셉트도 하나 다시 보여 달라는 요구사항이 아무렇지 않게 온다.

소프트웨어 노동은 헤어스타일을 바꾸는 것처럼 추가적인 시간과 비용이 드는 작업이다. 따라서 디자인 콘셉트 시안을 몇 종까지 몇 번 수정해서 제공한다는 사실이 명확하게 계약서상에 적혀 있어야 한다. 하나의 콘셉트가 결정된 다음 번복할 수 없다는 사실을 작업 전 충분히 설명하는 것이 좋다.

전에 데였던 경험에 대한 보상을 바라는 클라이언트

전에 작업한 디자인 회사나 또는 개발사와 갈등을 겪고 나서 한풀이를 하는 클라이언트 유형이다. 전에 작업한 업체가 만족스러운 결과물을 제공해주지 못해 감정적으로 굉장히 언짢아 있는 상태일 수 있어 그만큼 나에게는 더 큰 기대를 할 수 있는데, 이 기대의 포인트가 감정적인 게 많아서 실제 작업하는 것 외에 커뮤니케이션 스트레스가 발생한다는 점이 위험 요인이다.

대처법은 전에 만들었던 작업을 이어서 해야 하는지 또는 아예 새롭게 만들어야 하는지에 대해 명확하게 잡고 시작하는 것이다. 전에 만든 작업을 이어서 하는 경우라면 작업을 진행하지 않는 편이 낫다. 남이 하던 일을 받아서 하게 되면 오히려 시간과 비용이 더 많이 들기 때문이다. 또한 감정적으로 이미 안 좋은 상태이기 때문에 굉장히 예민할 수 있어 조심스럽게 다가가야 하며, 프로젝트 외에 감정적인 부분까지 케어를 많이 해야 한다는 것을 각오하고 시작해야 한다.

하지만 만약 이런 유형의 클라이언트와 작업만 잘 끝나게 되면 만족도는 2배 이상 끌어올릴 수 있다. 작업을 성공적으로 이끌었을 경우에 주변 소개는 물론, 나의 숨은 영업 조력자가 될 수 있기도 하다. 아픈 부분을 해결해준 만큼 임팩트가 크게 돌아오기 때문이다.

A부터 Z까지 모두 알려줘야 하는 프로젝트

말 그대로 디자인과 개발에 관한 지식이 하나도 없기 때문에 A부터 Z까지 모두 알려주면서 작업해야 하는 유형이다. 이들은 실제 프로젝트를 수행하는 시간보다 커뮤니케이션 비용이 굉장히 많이 발생하는 점이 가장 큰 리스크이자 문제점이다.

대처법은 반복하며 물어보는 질문에 대해 따로 가이드를 만들어 한 번에 전달하는 것이다. 그 외에 가장 주의해야 할 점은 프로젝트의 결과물이나 완성과 상관없이 고객사가 범위를 넘어선 너무 많은 질문을 했는데도 불구하고 우리 쪽에서 커뮤니케이션이 원활하지 않았다며 작업 만족도에 대해서 갑자기 걸고 넘어질 수 있다는 것이다. 이런 유형이 심화되면 첫 번째 유형으로 변질될 수도 있기 때문에 단순히 하나하나 알려준다고 모든 것이 해결되지는 않는다는 것을 명심해야 한다. 애초에 이런 부분은 도와드리지만, 이 범위를 제외하고는 모든 것을 다 설명해서 해결해드리기 어렵다고 사전에 선을 긋는 것이 필요하기도 하다.

소위 '양아치' 클라이언트

흔히 말하는 먹튀, 도용, 작업물 훼손을 일삼는 클라이언트를 말한다. 의도적으로 작업물 도용을 하는 경우도 있지만 그보다도 저작물 관련 지식이 없어 잘 모르고 하는 경우가 많다. 추후 저작물과 재산권에 대한 문제가 발생할 수 있어 주의해야 한다.

대처법은 원본 파일을 절대 먼저 공유하지 않는 것이다. 상식적으로 디자인 원본이 아닌 시안을 제공하더라도, 특별한 허락 없이 디자이너의 시안을 함부로 쓸 수 없다. 실제로 프로젝트를 함께 진행했던 이름 있는 회사도 계약 전 디자인 시안 콘셉트를 보내준 것을 어느 날 보니 내부 직원이 그대로 베껴서 작업하고 있는 경우도 있었다. 특히 디지털 저작물에 대해서는 고객사가 완벽하게 인지하지 못할 수 있기 때문에 사전에 설명을 잘 하는 것이 필요하다.

특정인을 위한 프로젝트

프로젝트의 중요한 결정권이 특정인(예를 들어 전무님, 부사장님, 주무관님 등)에게 큰 비중을 차지하는 경우를 말한다. 서비스의 논리 구조가 사용자를 위한 것이 아니라 특정인의 관심사, 취향 등에 따라 결정이 계속 바뀔 수 있다. 이럴 경우 초기 산정한 작업 범위가 아니라 추가 작업이 계속 늘어날 수 있기 때문에 조심해야 한다.

개인적인 경험에 따르면 제조업 기반의 중소기업, 대기업 제휴사 또는 계열사, 공공기관 등 상대적으로 보수적인 집단에서 이런 유형이 많이 나타난다. 여기서 주의해야 할 점은 처음부터 큰 결정권을 가지고 있는 이해관계자(Stakeholder)를 만나서 조율을 할 수 없다는 것이다. 따라서 초기 견적을 산출할 때 추가 작업이 발생할 것을 염두하고 산출하는 것이 좋다.

마이크로 매니징의 폐해를 겪는 프로젝트

대표 또는 해당 담당자가 너무 마이크로하게 간섭해서 프로젝트를 망치는 경우이다. 작업의 퀄리티보다 보여주기식의 업무, 보고를 위한 업무가 많은 것이 가장 큰 리스크 요인이다.

이런 클라이언트의 경우 작업의 전체적인 구조도, 목적, 방향성을 살피기 전에 굉장히 사소하고 디테일한 부분에 관여를 많이 받을 수 있기 때문에 업무의 진행 속도가 굉장히 더디다. 예를 들어 버튼 하나를 결정하더라도 어디에 어떻게 할 건지 논의를 해야 하는 식이다. 이런 경우 작업 일자를 타이트하게 잡거나 마지막 과업 완수 일정뿐만 아니라 중간중간 작업 기한을 나누는 것이 중요하다. 해당 업무의 결정은 이번 주까지만 가능하고, 그 기간을 넘어서면 번복이 안 된다는 식으로 업무 방향을 설정하는 것이 중요하다. 서로 정한 기한 외에 작업이 넘어가면 추가 비용을 받도록 계약서에 명시하는 것도 하나의 방법이다.

우쭈쭈형 클라이언트

실제 작업을 하는 것보다 감정 케어를 더 해줘야 하는 클라이언트 또는 프로젝트를 뜻한다. 정신적으로 굉장히 피곤한 것이 이 유형의 리스크 요인이므로 별도의 사적인 시간을 마련하지 않는 것이다.

나 역시 개인적으로 클라이언트와 업무 외에 식사를 하거나 다른 얘기를 하는 사적인 시간은 갖지 않는 편이다. 프로젝트 시작 전이나 후에 식사를 대접해주고 싶다는 분도 많이 계시지만 정중히 거절한다.

여러 가지 이유가 있지만 그중 하나는 개인적인 얘기나 감정 교류가 섞이면 프로젝트를 진행하는 과정 중에서 업무 외적으로도 신경 써야 하는 부분이 늘어나기 때문이다. 따라서 해당 업무가 완전히 끝나고 간단한 식사나 담소 정도는 괜찮지만 그렇지 않은 경우에는 개인적인 교류 자체를 지양하고 있다.

모든 고객사와 다 그런 것은 아니지만 우쭈쭈형 클라이언트의 경우는 특히 조심해야 한다. 기본적으로 프로젝트를 진행하는 과정 중에서도 이 유형은 계속 본인이 잘하고 있는지 확인받고 싶거나 칭찬받고 싶어 하는 경우가 많기 때문이다. 듣기 좋은 말을 해줄 수 없어서가 아니다. 일은 일대로 진행해야 하는데 학교 수업이 아니기 때문에 고객사가 단순히 노력을 열심히 했다고 해서 우리가 원하는 피드백을 항상 제대로 받는 것은 아니기 때문이다.

노답 프로젝트

위에 소개한 유형 중 2개 이상을 복합적으로 갖고 있는 프로젝트를 뜻한다. 프로젝트 자체가 너무 진행하기 어렵거나 고객사 또는 담당자가 힘들거나, 또는 그에 따라 발생하는 커뮤니케이션 비용까지 모두 비용이 마이너스인 프로젝트가 '노답' 유형이라고 할 수 있다.

이런 프로젝트의 유일한 대처법은 진행하지 않는 것이다. 원가와 비용이 비교적 정확하게 나오는 제품과 달리 이러한 소프트웨어 프로젝트는 지금 당장은 눈에 보이지 않지만 앞으로 발생할 수 있는 비용을 미리 계산해야 한다. 그래야 적자가 나지 않는다. 지금 당장으로선 돈이 들어온 것 같지만 이런 유형들을 잘 관리하지 못하고 끌려다니다 보면 실질적으로 남는 것이 없을 수 있기 때문이다. 과감하게 진행을 하지 않는 기준을 만들어 프로젝트를 받지 않는 것 또한 가장 중요한 대처법이다.

고객에 따른 프로세스를 설계하라

주체적인 비즈니스 모델을 갖고 있나

일반적으로 디자인 회사의 비즈니스 모델이라고 한다면 단순 SI 산업(System Integration Business), 혹은 더 쉽게 외주나 하청을 받아 일하는 형태를 많이 떠올릴 것이다. 사실 내가 운영하는 회사도 겉만 본다면 그러한 산업으로 정의하기 쉽다. 클라이언트 베이스로 새로운 프로젝트를 진행하고, 그들이 원하는 것을 대신 만들어주며 그 대가로 수익을 창출하는 구조이기 때문이다.

일반적으로 우리나라에서 비즈니스 산업에 대해서 얘기할 때 SI 산업이나 하청을 받는 입장은 좋지 않게 평가된다. 너무 심한 노동 강도에 시달리고, 그에 비해 받는 대가는 좋지 않으며 자신의 서비스가 아닌 다른 사람이 시키는 일을 하며 업무 만족도도 떨어지기 때문이다. SI 산업이 좋은지 나쁜지에 대해서 얘기하려고 하는 것은 아니다. 다만 일반적으로 생각하는 디자인 회사의 업무를 내가 어떻게 디지털 노마드 창업으로 승화시켰는지에 대해서 이번 장에서 다뤄 보려고 한다.

나 또한 똑같이 클라이언트 일을 받으며 각각 다른 프로젝트를 수행하는 동일한 산업구조이지만 그 이면은 살짝 다르다. 나는 우리 팀이 원하는 클라이언트의 일만 받으며, 내가 산정한 금액을 맞출 수 없는 고객과는 일하지 않는다. 또한 90%의 미팅을 화상으로 진행해 장소에 구애받지 않고 프로젝트를 수행한다. 일방적으로 클라이언트가 지시를 내리는 일을 수행하는 수동적 구조가 아닌, 우리 팀이 프로젝트에 대해 전반적인 의견을 제시하고 가이드를 제공하는 주체적인 입장으로서 일을 진행한다.

앞에서 럭셔리 창업의 가장 중요한 기준이 일에 끌려다니는 것이 아닌 일을 주체적으로 이끌어낼 수 있는 능력이라고 말했다. 이처럼 디지털 노마드 비즈니스에 있어 가장 중요한 것은 단순히 보이는 산업 구조보다 주체적인 비즈니스 모델을 갖추고 있는지의 여부라고 할 수 있는 것이다.

논리적으로 디자인하기

주체적인 사람은 자기만의 확실한 삶의 기준이 있는 것처럼, 주체적인 비즈니스 모델을 갖추고 있다면 대체할 수 없는 그 비즈니스만의 특별한 역량이 있어야 한다. 직원이 몇 명인지, 사무실은 어디에 있는지 등은 부수적인 평가 요소일 뿐이다. 불필요한 비용 구조를 아낄 수 있도록 수익 모델을 만들고, 내가 운영하고자 하는 사업체가 주체적인 역할을 할 수 있는 비즈니스 모델을 설계한다면 비로소 완성된 디지털 노마드 비즈니스의 형태를 갖출 수 있게 된다.

내가 운영하는 회사의 핵심 역량은 바로 '논리적인 디자인'에 있다. 일반적으로 프로젝트 의뢰가 들어와 디자인을 제공할 때 대부분 요청하는 '디자인'만을 제공한다. 하지만 논리적인 디자인은 제공하는 디자인 결과물에 논리적인 기승전결 구조를 더해 이러한 디자인이 산출된 근거를 산출하는 것까지의 모든 과정을 포함하는 것을 의미한다. 이는 프리랜서 때부터 클라이언트를 한 명 한 명 만나며 그들이 원하는 니즈를 파악하고, 그에 맞는 각각의 프로세스를 설계해 경험으로부터 터득한 나만의 방법론이다.

이러한 경험들은 차곡차곡 나의 DNA에 쌓여 어떤 프로젝트와 클라이언트를 만나도 단번에 그들이 원하는 니즈와 사용자 경험의 문제점은 무엇인지 파악할 수 있도록 한다. 그러한 진단 과정이 끝나면 어떠한 순서와 방법론으로 문제를 해결해야 할 것인지 프로젝트 각각에 맞춰 프로세스를 설계할 수 있다.

이 모든 것은 공식처럼 적혀져 있거나 설명서로 나열할 수 있는 것은 아니다. 다양한 경험들이 쌓이고, 그로부터 배우게 된 시행착오가 나의 모든 신경과 감각, 두뇌에 입력되어 자연스럽게 나오게 되는 설명할 수 없는 직감과도 같은 것에 가깝다. 이러한 감각은 내 안에 내제되어 있기 때문에 누군가 컴퓨터를 해킹해서 복사하듯 단숨에 베끼거나 뺏어갈 수 없다. 다른 누군가가 쉽게 따라 할 수도 없기 때문에 클라이언트는 더욱 나를 비롯한 우리 회사의 전반적인 프로세스에 대해 믿고 따라올 수 있게 되는 것이다.

논리적으로 프로젝트를 분류하라

한 가지 예를 들어 설명해 본다면 우리는 프로젝트를 분류할 때 단순히 웹 디자인인지, 모바일 디자인인지 등의 기능적인 측면에 크게 의미를 부여하지 않는다. 이미 확보한 프리랜서 풀이 많기 때문에 거의 모든 언어와 디자인 스타일의 구현이 가능하기 때문이다. 그 대신 우리 회사는 크게 아래 3가지의 기준으로 프로젝트를 분류하고 사용자 경험 디자인 컨설팅을 제공하고 있다.

- CTA(Call To Action) 설계로 목표 달성하기
- 고객을 설득시키거나 감동 제공하기
- 서비스 불편함 개선하기

CTA란 디지털 서비스에서 특정 목표를 달성하기 위해 고객의 행동을 유도하는 버튼이나 배너 등을 가리킨다. 흔히 우리가 아는 기능 중에 '이메일 가입하기', '견적 신청하기' 등이 이에 해

당한다. 클라이언트는 각기 다른 문제와 고민을 갖고 우리를 찾아오지만 킥오프 미팅과 기획 워크샵 등을 통해 그들의 비즈니스 목표, 서비스 및 수익 모델 등을 분석하게 되면 CTA 설계가 중요한 모델인지 아닌지 파악할 수 있게 된다.

예를 들어 해외쇼핑 직구와 관련된 서비스는 비즈니스 특성상 이메일 가입자 수를 늘리는 것이 가장 중요하기 때문에 처음 사용자가 들어오자마자 어떤 흐름으로 연결되더라도 이메일을 가입할 수 있도록 설계하는 데 집중했다. CTA를 설계하고 난 그 이후에는 구글 애널래틱스(Google Analaytics)와 같은 프로그램을 활용해 실제 페이지마다 우리가 설정한 목표대로 사용자들이 서비스를 이용하고 있는지 분석하게 된다.

이러한 CTA가 중심이 되는 서비스가 아니라면 그 외에 대부분은 두 번째 기준에 해당된다. 특정한 '행동'을 유발해야 하는 사용자 경험이 아니라면 대부분 '설득' 또는 '감동'을 목적으로 UX를 설계한다. 흔히 볼 수 있는 서비스 소개 또는 회사 랜딩페이지가 여기에 해당하는데 이 경우 단순히 버튼의 위치나 레이아웃 보다도 전반적으로 웹사이트에 접속한 사용자들이 감각적으로 느낄 수 있는 시각적인 경험 자체에 대해 보다 더 집중하게 된다. 한국의 파트너사들에게 외국에서 하는 비즈니스 모델인 것을 디자인적으로 표현해 은유적으로 강조한다든지 홈페이지 느낌만으로 인공지능에 대한 서비스를 제공하고 있는 회사라는 것을 단숨에 알아차리게 하는 경우가 이에 해당한다.

시각적인 것뿐만 아니라 슬라이드 배너에 들어가는 문구나 텍스트 역시 사용자 경험을 만들어내는 데 있어서 가장 중요한 부분이 되기도 한다. 한 교육 스타트업의 경우 단순히 교재를 판매하는 회사라는 인식을 넘어 인터넷 강의 및 온라인 서비스를 같이 실행하고 있다는 것을 사용자들에게 알리는 것이 매우 중요했기 때문에 실제 웹사이트를 개편하기 전 전반적인 브랜드 리뉴얼을 진행해 전문 작가와 함께 들어가야 할 문구와 카피라이팅을 전체적으로 컨트롤하며 사전작업을 하기도 했다. 이 기준은 특정 사용자에게 어필해야 하는 경우가 많기 때문에 시작하는 스타트업이 대부분 해당된다.

서비스의 불편함을 개선해야 하는 마지막 기준의 경우 좀 더 전문적인 분야의 산업군의 서비스가 훨씬 더 비중을 많이 차지한다. 이들의 경우 이미 서비스를 운영하고 있거나, 바로 시행할 수 있는 단계에 놓여진 경우가 많으며 서비스를 이용하는 사람들도 전문직종이거나 구체적으로 정해진 사용자군일 확률이 크다.

예를 들어 전문 의사, 간호사가 사용하는 헬스케어와 관련된 의료 서비스가 여기에 해당한다. 이전에 진행했던 헬스케어 서비스 프로젝트의 경우 환자의 증상 및 상태 현황을 바로 확인하고 의사에게 검토 결과를 승인하는 복잡한 과정을 각 사용자 군이 한눈에 쉽게 알아볼 수 있도록 좀 더 심층적인 회의를 진행하면서 설계했다.

에필로그

시대가 물려준 '디지털 자산'을 땅에 묻어두지 말자

나는 교육에 몸담고 있는 부모님 밑에서 자랐다. 두 분 모두 특수교육을 전공해 어머니는 초등학교 교사, 아버지는 대학교수이시다. 외할아버지는 작은 고물상을 하셨고, 친할아버지는 경비원이셨다. 우스갯소리인 듯 진실인 듯 입시 성공의 조건은 할아버지의 경제력과 엄마의 정보력, 그리고 아빠의 무관심이라는 말이 있다. 입시의 성공이 곧 인생의 성공인 것으로 여기는 사회에서 어쩌면 이 3가지가 우리가 흔히 말하는 금수저의 조건일지도 모르겠다.

그 기준으로 따지면 나는 하나도 해당이 되는 것은 없었다. 다행히 근면성실하신 두 할아버지와 안정적인 직업을 갖고 계신 부모님 덕분에 크게 어려운 적은 없었다. 하지만 그렇다고 아주 여유롭지도 않은 딱 중산층 가정에서 나는 평범하게 자랐다.

대학교 때 부모님의 엄청난 도움을 받는 친구들이나, 할아버지 때부터 경제력을 갖춰 결혼까지 무리 없이 하는 친구들을 보면 때때로 부러운 마음이 들기도 했다. 하지만 나는 스스로 돈을 벌고, 세상에 부딪히고, 더 다양한 사람과 사회를 읽는 눈을 기르면서 나야말로 진정한 금수저 집안에서 자란 것은 아닐까 하는 생각이 들었다.

아주 어렸을 때부터 부모님은 '희은이가 좋아하는 일을 하며 행복한 사람이 되었으면 좋겠다'라는 말을 해주시며 말뿐만 아니라 진심으로 내가 그런 삶을 살기를 응원해주셨다. 그렇기에 나는 일찍부터 내 스스로가 무엇을 좋아하는지, 무엇을 잘하는지 고민하고 찾아가는 여정을 빨리 시작할 수 있었다. 이것이야말로 내가 원하는 삶과 라이프스타일을 만들 수 있는 최고의 선행학습이었던 셈이다. 대부분 사회적 기준을 맞추고, 남들이 인정할 만한 직장에 들어가 적당한 돈을 벌고 나서야 인생의 만족을 느끼지 못하고 그제야 좋아하는 일이 뭔지 찾기 시작하기 때문이다.

이러한 가르침 덕분에 나는 삶을 살아가는 기준이 사회가 정해놓은 시스템이거나 기준이 되어본 적이 없었다. '내신이 몇 등급이니까 맞춰서 어디 대학을 가고 어디 과를 가야 해', '경영학을 전공했으니까 컨설팅 회사에 취업해서 연봉을 높게 받아서 이직을 하는 것이 좋아'라는 식의 생각을 해본 적이 없는 것이다. 중고등학교 시절 공부를 할 때도 현재 등급이나 점수가 아니라 '영어'를 좋아하기 때문에 국제대학에 가고 싶었다. 대학교에 들어가 처음 들어보는 '정보인터랙션디자인 전공'을 선택한 것도 그 전공의 커리큘럼이 제일 재미있어 보이는 것이 많았기 때문이었다.

반대로 멋있어 보이고, 화려해 보였던 외교관의 꿈을 포기한 것도 막상 참여했던 모의유엔대회와 제네바본부회의가 너무 재미없었기 때문이다. 외교관이 될 만한 자질과 시험성적과 조건을 갖췄거나 갖추지 못했다는 건 애초에 고민의 기준이 되지도 않았다. 내가 정말 외교관이 되고 싶으면 그러한 조건을 갖추지 못했어도 무조건 쟁취할 수 있는 자신감이 있었다. 내가 진정으로 무언가를 좋아하는지 확인만 하면 되었다. 정말 좋아하면, 불가능한 것도 가능하게 만들 수 있는 그런 미친 듯한 힘이 발생된다는 걸 알고 있었기 때문이었다.

하지만 아무리 우리 부모님이 내게 '좋아하는 일을 하며 살아라'라고 하셔도 우리 집 상황이 정말 어려웠다면 나는 그 좋아하는 일을 '생각'할 수는 있었겠지만 '실천'은 하지 못했을 것이다. 내가 진정 내 자신이 금수저라고 느낀 포인트는 나에게 실질적으로 그런 환경을 만들어주셨기 때문이다. 나의 할아버지 세대의 우리 조부모님은 가난한 시골 지방에서 올라와 서울에서 어머니 아버지를 교육시켜야만 했다. 그 상황에서 할머니, 할아버지는 단지 치열한 서울에서 살아남는 것이 최우선이었을 뿐, 좋아하는 일 자체에 대해서 고민해볼 수도 없는 세대였다.

우리 부모님 역시 훌륭하게 공부하셔서 가난은 면했지만 그렇다고 여유로울 수 있는 상황은 아니었다. 따라서 가정을 희생하면서까지 좋아하는 일을 도전적으로 실행하기보다 가정을 안정적으로 유지할 수 있으면서 할 수 있는 일을 선택할 수밖에 없었을 것이다.

나의 할아버지 세대와 아버지 세대, 그 두 분들이 역할을 모두 탄탄하게 다 해주셨기에 나는 다른 것들은 고려하거나 책임질 필요 없이 온전하게 내가 좋아하는 것이 무엇인지 고민하고, 찾아보고, 시행착오를 겪어 볼 수 있는 환경에서 자랄 수 있었다. 그리고 지금 돌아보면, 나에게 주어진 이러한 환경이 할아버지의 경제력보다, 부모님이 지원해주시는 엄청난 사교육보다 비교할 수 없는 충분한 환경이라고 생각이었던 것 같다.

'May my ceiling be your floor'이라는 말이 있다. 해석하자면 '나의 천장이 너에게는 바닥이 되기를'이라는 뜻인데, '나에게는 최고로 올라갈 수 있는 끝 지점이 너에게는 출발할 수 있는 시작점이 되기를'이라는 뜻으로 해석할 수도 있을 것 같다. 앞의 이야기를 적용하자면 할아버지와 아버지가 이룬 인생의 도달점이 나에게는 시작점이 되어 나는 세상을 더 넓고 멀리 나아가 살 수 있게 되었다고 할 수 있다.

비단 나의 가족에만 적용되는 것이 아니다. 지금 우리가 살고 있는 이 시대도 마찬가지다. 핸리 포드 시대에 인간이 부품으로

써 노동력을 제공하는 시대가 있었기에 스티브 잡스나 빌 게이츠가 디지털 혁신을 만들 수 있는 시대도 올 수 있었고, 또 그들이 만들어놓은 인터넷과 스마트폰 환경으로 인해 지금 현재 우리 세대는 그 당시 시대의 사람들과 달리 더 편리하고 더 쉽게 오히려 내가 좋아하는 일을 할 수 있는 시대가 된 것이다. 내가 말하는 디지털 노마드 창업, 럭셔리하게 창업하는 것도 모두 같은 맥락이다. 한 개인이 천재이고 대단하고 돈이 많아서 가능한 것이 아니라 전 세대가 우리 세대에게 선물해준 자산이기 때문이다.

물려받은 자산은 활용할 줄 알아야 한다. 하지만 대부분 그러한 자산의 가치를 알아보지도 못한다. 성경에는 이런 비유가 있다. 한 주인이 여행을 가기 전 종을 불러 달란트를 주었다. 여기서 달란트는 돈, 즉 주인의 재산의 일부를 종들에게 맡긴 것이다. 한 종에게는 다섯 달란트를 그리고 다른 종에게는 두 달란트를, 나머지 한 명의 종에게는 한 달란트를 주었다. 이후 여행을 마친 주인이 돌아와 종들에게 맡긴 달란트를 확인했는데, 다섯 달란트와 두 달란트를 받은 종은 각각 추가적인 다섯 달란트와 두 달란트를 남겨 주인에게 칭찬을 받았다. 하지만 한 달란트를 남긴 종은 그 달란트를 그대로 땅에 묻어두고 주인에게 자기는 아무것도 잃지 않았다며 한 달란트를 그대로 돌려주었고, 주인은 그 종을 꾸짖으며 한 달란트를 뺏어 열 달란트를 가진 자에게 주었다.

이 비유를 들은 후 나는 나에게 얼마만큼의 달란트가 인생에서 주어지든, 그것이 남보다 적든 많든, 비교하는 것에는 집중하지 않기로 했다. 내가 가진 달란트만큼 활용해 무언가를 만들어내면 그 자체로 값진 인생이라고 생각했기 때문이다.

그러니 우리 모두 시대가 물려준 '디지털 자산'을 그냥 땅에 묻어두는 일은 없길 바란다. 꼭 개발자나 디자이너만 IT나 디지털에 관심을 가져야 하는 시대는 오래전에 지나갔다. 이 모든 걸 '자산'이라고만 인식해도 한 개인은 무수히 많은 서비스와 교육과 툴들을 무료로 사용할 수 있는 시대에 우리는 살고 있다.

나의 이야기의 끝 역시, 당신의 높은 출발점이 되기를 바란다. 내가 책에 담은 모든 경험과 노하우와 지식이 당신을 더 넓은 세상으로 이끌어주기를 기원하며 책을 마친다.

ONE ELEVEN DESIGN

UX/UI 컨설팅 안내

·About us

디자인이라는 일을 중심으로 우리 주변에 다양한 변화를 만들어 내는 일을 하고 있습니다. 사용자의 행동을 분석하는 UX 컨설팅을 주력으로 하고 있으며 전형적인 방법보단 창의적인 방법으로 다양한 문제들의 해결책을 도출해내는 데 역량이 뛰어난 사람들과 함께 일하고 있습니다. 새로운 것을 만들어내는 것을 좋아하며 또한 기존의 것을 특출나게 바꾸는 것 또한 좋아합니다.

·보이지 않는 디자인, your X 디자인

'보이지 않는 부분까지 디자인한다'라는 마인드로 서비스 기획, 사용자 분석, 사용자 경험 및 인터페이스 디자인, 그리고 브랜딩을 각기 다른 부분이 아닌 하나의 논리적인 연결구조로 통합하는 것이 원일레븐디자인의 핵심입니다. 서비스 기획부터 사용자와의 접점까지 철저하게 사용자 중심의 디자인을 제공하며, 이러한 디자인을 만들어내기 위해 최대한 서비스에 대해서 많이 이야기하고, 근본적으로 해결하고자 하는 문제에 대한 답을 디자인으로 풀어내는 일에 공감하는 클라이언트를 만나길 원합니다.

| 컨설팅 및 강의 |

1:1 컨설팅	소요 시간	60분
	제공 내용	UX 사전 분석 및 문제점 검토, 서비스 UX 해결 방안 제시
	설명	서비스에 관한 전반적인 UX 분석이 이루어지거나 해결하고자 타겟 UX에 대한 솔루션 제시(디자인 작업물 제외)
	추천 대상	초기 스타트업, 개인 사업자 등 본격 서비스 디자인 및 개발을 시작하기 전 방향을 잡고 싶은 팀, 이미 서비스가 개발되어있고 디자인 작업은 가능하지만 내부적으로 UX 문제점을 확인하기 어렵다고 느끼는 팀.
기관/기업 강의	소요 시간	협의 후 결정
	제공 내용	UX/UI 프로세스 방법론, 디자인 씽킹, 서비스 프로토타입, 스타트업 창업, 서비스 기획 방법, 디자인, 개발 실무 기초 지식

	설명	액셀러레이터, 벤처캐피탈, 창업기관, 대학 캠퍼스타운 등 사내벤처 교육 및 스타트업에게 필요한 방법론 교육

| UX/UI 컨설팅 프로젝트 |

스타트업을 위한 UX/UI 컨설팅	소요 시간	1~2개월
	제공 내용	서비스 기획 스토리보드, UX 와이어프레임, UI디자인까지 일관된 사용자 경험 설계
	설명	개발하고자 하는 서비스의 경쟁사 분석, 벤치마킹 사이트 분석과 비즈니스 모델을 바탕으로 UX 와이어프레임과 UI디자인 산출
UX 고도화 컨설팅	소요 시간	협의 후 결정
	제공 내용	타겟 UX 분석, UX와 연관된 비즈니스 수익 모델 분석, 유저 저니, 페르소나, 항해도 등 다양한 방법론 도입
	설명	사업계획서 혹은 비즈니스 모델을 기반으로 특정 타겟 UX를 재설계, 단순 디자인 적인 UX 분석이 아니라 수익, 비즈니스 퍼포먼스를 위한 설계 과정
100시간 UX 컨설팅	소요 시간	100시간
	제공 내용	하나의 서비스를 100시간 동안 사용하며 분석한 UX 컨설팅 리포트 제공
	설명	실제 고객의 입장에서 서비스를 사용하며 사용자 경험과 관련된 실질적인 문제점을 도출하고 이를 개선하기 위한 액션 아이템 제시
	추천 대상	서비스 제공자의 입장이 아닌 서비스 사용자의 입장에서의 서비스 분석에 대한 니즈가 있는 사업 주체 및 개인

서비스 신청 및 문의 : joyce.u@oneleven.design

북큐레이션 • 원하는 곳에서 자유롭게 일하고 싶은 이들을 위한 책

《ZZIN 디지털 노마드 창업》와 함께 읽으면 좋은 책. 부자의 마인드로 돈과 시간의 자유를 누리는 사람이 미래의 주인공이 됩니다.

노마드 비즈니스맨

이승준 지음 l 15,000원

경쟁하지 않고 이기는 최고의 전략,
저절로 돈이 벌리는 시스템 공개!

이 책은 직장 생활을 하지 않아도 충분한 돈을 벌고 자신이 원하는 삶을 살아가는 방법, 즉 '노마드 비즈니스맨'이 되는 방법을 알려준다. 저자는 진정 돈과 시간에서 자유로운 삶을 살고 싶다면 1인 기업가가 되어 '노마드 비즈니스'를 해야 한다고 역설한다. 7년간 노마드 비즈니스로 일하며 일주일에 3~4시간 일하고 월 1억 원 이상을 버는 저자가 네이버 카페, 책, 유튜브, 카카오스토리, 페이스북 등 다양한 SNS를 통해 노마드 비즈니스를 실천할 수 있는 구체적인 방법을 소개한다. 또한 개인 성향에 맞는 노마드 비즈니스를 찾도록 안내해준다.

나는 직장에서 디지털 노마드로 일한다

국수미 지음 l 13,800원

사무실 없는 4차 산업혁명 시대,
경쟁력 있게 일하는 미래형 직장인의 생존 전략!

4차 산업혁명 시대의 인재는 이전과는 다르다. 과거에는 분업화된 조직에서 자신의 업무만 알고 수행하면 되었지만, 이제는 손쉬운 업무는 AI가 처리할 수 있는 시대가 오고 있다. 전 세계적으로 모든 업무가 사이버 공간에서 디지털화되면서 사무실도 점차 감소하거나 사라지고 있다. 이 예측할 수 없는 변화가 밀려드는 시대에 직장인은 어떻게 살아남을 것인가. 그 문제를 해결하는 방법은 디지털 노마드의 일하는 방식을 도입하는 것이다. 이 책에서는 직장인 디지털 노마드의 요건과 능력 있는 직장인 디지털 노마드가 되기 위한 방법을 알아본다.

스탠퍼드는 이렇게 창업한다

강환규 지음 | 15,000원

창업을 꿈꾸는 당신의 손에 들려 있어야 할 행동 지침서!

저자는 무한 경쟁의 시대, 창업가의 핵심 역량과 창업 방식을 스탠퍼드 교육 과정에서 찾는다. 이 책에는 한국보다 20배 더 뜨거운 창업 열풍을 불러일으킨 스탠퍼드대학교의 핵심 노하우가 담겨 있다. 혁신, 창의, 기술을 리드하는 창업의 성공 공식과 이를 바탕으로 스스로 창업 역량을 키울 수 있는 핵심적인 라이프 스킬과 역량이 소개된다. 저자가 소개하는 스탠퍼드 방식을 따른다면 자신과 세상을 성장시키는 창업을 하게 될 것이다. 그리고 당장 창업을 꿈꾸지 않은 사람들이라면 '회사 일에서부터 프로페셔널해질' 것이다.

디지털 노마드

박영훈, 권광현 지음 | 15,000원

사무실과 직장 없이 원하는 곳에서 원하는 만큼 일하며 디지털 노마드족으로 사는 법!

디지털 노마드(Digital Nomad)란 인터넷, 네트워크 기술의 발달로 탄생한 종족으로, 태블릿 PC, 노트북 등의 IT 기기를 갖추고 전 세계를 여행하면서 일하는 사람들이다. 이들은 디지털 기기를 사용할 수 있는 곳이라면 어디서든 일할 수 있다. 월 수익 1,000만 원 이상을 버는 저자들은 '디지털 노마드'가 무엇인지, 어떻게 디지털 노마드로 살 수 있는지 방법을 이 책에 담았다. 어떤 플랫폼을 활용해 어떻게 시작하고, 온라인 세계에 돈을 벌 수 있는 판을 깔고, 자동으로 수익을 일으킬 수 있는지 구체적인 매뉴얼까지 알려준다.